股票市场开放的治理优化效应研究

邹洋　刘贤伟　著

西南财经大学出版社
Southwestern University of Finance & Economics Press
中国·成都

图书在版编目(CIP)数据

股票市场开放的治理优化效应研究/邹洋,刘贤伟著.—成都:西南财经
大学出版社,2024.5
ISBN 978-7-5504-6187-1

Ⅰ.①股…　Ⅱ.①邹…②刘…　Ⅲ.①股票市场—研究—中国
Ⅳ.①F832.51

中国国家版本馆 CIP 数据核字(2024)第 090857 号

股票市场开放的治理优化效应研究

GUPIAO SHICHANG KAIFANG DE ZHILI YOUHUA XIAOYING YANJIU

邹洋　刘贤伟　著

策划编辑:王琳
责任编辑:王利
责任校对:植苗
封面设计:张姗姗
责任印制:朱曼丽

出版发行	西南财经大学出版社(四川省成都市光华村街 55 号)
网　　址	http://cbs.swufe.edu.cn
电子邮件	bookcj@swufe.edu.cn
邮政编码	610074
电　　话	028-87353785
照　　排	四川胜翔数码印务设计有限公司
印　　刷	郫县犀浦印刷厂
成品尺寸	170 mm×240 mm
印　　张	11.25
字　　数	187 千字
版　　次	2024 年 5 月第 1 版
印　　次	2024 年 5 月第 1 次印刷
书　　号	ISBN 978-7-5504-6187-1
定　　价	78.00 元

前言

　　自 20 世纪 90 年代初开始，我国资本市场已走过 30 多年的发展历程。在全球经济一体化趋势之下，我国资本市场在实现高速发展的同时，也实现了从聚合国内资本到打通全球配置通道的过程。从封闭到开放，资本正助力中国经济融入全球价值链，与世界经济互联互通、互惠互利。我国资本市场改革开放的成果得到了国际投资者的积极认可，继 2018 年6 月 A 股 234 只股票被正式纳入全球最大指数公司——明晟 MSCI 指数后，全球第二大指数公司富时罗素也于 2019 年 5 月宣布正式将 A 股纳入其指数体系。此外，标准普尔道琼斯指数公司也于 2019 年 9 月将中国 A股纳入。全球三大指数供应商都在其指数体系中加入中国 A 股，每年可为 A 股市场带来约 1 万亿人民币的外资增量资金。各大指数纳入中国股票的决定，体现了国际投资者对我国国家信用、经济发展前景和金融市场稳健性的充足信心。国际投资者的资金大量进入中国资本账户，在短期内可加快中国经济的增长，同时极大地缓解中美贸易对峙所带来的外汇收入减少、经常账户逆差等问题。但这种效益仅能在中短期内体现，随着时间的推移，资金流入的红利将会逐渐消失。事实上，股票市场开放不仅为国内上市公司的发展补充了资金，从长期来看，开放政策最重要而长久的效果是引入了先进的理念、制度、技术和产品，倒逼我国资本市场和上市公司不断向着法治化、规范化、国际化的方向发展，以开放促升级，提升我国资本市场和上市公司的国际竞争力，倒逼金融领域的供给侧结构性改革，从而在我国经济新旧动能转换的关键时期，更加高效地发挥资本市场的资源配置作用，促进实体经济高质量发展。

　　我国的资本市场已高速发展 30 多年，很多问题在逐渐显现。投资理念不成熟、公司治理机制不健全、投资者结构不合理、上市公司频繁违法违规等，这些问题制约着中国资本市场服务实体经济、防范金融风险的能力。其中，上市公司造假等违法违规行为时有发生，已然成为我国资本市场的一大公害。从"万福生科""蓝田股份"到"康得新""康美药业"，恶性违法违规行为屡禁不止，不断刷新着涉案金额的记录，严重挫伤了投资者信心，增加了资本市场不稳定性，损害了股东价值，导致资本不合理配置。如何完善公司治理机制，缓解信息不对称状况和代理问题，约束公司的违法违规行为，是当前监管层最为基础和紧要的课题，同时也是公司财务研究的核心问题之一。在此背景下，学者们围绕公司违法违规行为的影响因素展开了大量研究，发现独立董事及其声誉（Beasley，1996；Fich、Shivdasani，2007）、第一大股东集中持股（陈国进等，2005）、机构投资者持股（陆瑶等，2012）、严格的外部审计（Deli、Gillan，2000）、卖空机制（孟庆斌等，2019）等因素可以有效抑制公司违法违规冲动。但上述研究主要关注了公司的内部治理特征和部分外部治理机制，鲜有涉及对股票市场开放的探讨。资本市场开放是我国金融领域改革的重要战略和发展导向，因此深入了解资本市场现有开放措施对国内上市公司的积极效应十分重要，对国家未来的政策制定也具有重要的借鉴意义。

股票市场开放作为资本市场开放的重要部分，不仅能够在宏观层面促进一国的投资和经济增长（Henry，2000b；Bekaert et al.，2005），它还能作为一种外部治理机制，提高公司的治理水平。首先，股票市场开放后境外（我国港澳台地区和其他国家及地区）投资增加，而境外投资者与中国内地投资者的观念和行为方式存在差异，他们的投资分析技术更强、全球化经验更丰富（Bae et al.，2012；Kim et al.，2016），比中国内地投资者更多地关心公司治理（Kim et al.，2010），因此能够促使中国内地上市公司主动或被动地提高信息披露质量和公司治理水平以吸引境外投资者。其次，境外股权的加入使得市场规模增大，流动性增加，管理层市场和公司接管市场都将更加活跃，对公司施加了更大的高管被更换、公司被并购的压力（Stulz，1995；Lel、Miller，2008），从而加大了对公司大股东和管理者行为的奖惩力度，有助于加大市场对公司违法违规行为的惩罚力度。最后，境外投资者交易会导致境内外分析师和分析报告数量增加（Bae et al., 2006；Kim、Cheong, 2015），不仅能够降低公司的信息不对称程度，改善公司的信息环境，同时分析师行业竞争的加剧也会倒逼中国内地分析师提高水平，有助于提高公司违法违规行为被发现的概率。综合上述分析，股票市场开放能够吸引境外资本进入中国内地A股上市公司，从而将上市公司、职业经理人和分析师等市场参与者置于全球化的竞争环境之下，有形或无形地提高上市公司的规范标准和治理水平，在一定程度上强化了市场对上市公司的监督，因此有助于降低大股东和管理层的违法违规冲动，减少公司的违法违规行为。

然而，我国股票市场开放是否能够优化上市公司治理机制，学界并没有得到一致的结论。其主要原因在于，一方面，我国的开放遵循审慎原则，在外资进入的额度和持股比例方面存在限制，因此境外投资者可能会缺乏参与公司治理的激励（Tam, 2010）；另一方面，在激励不足的情况下，遥远的地理和文化距离使得积极监督和获取私有信息的成本高昂（Ayers et al., 2011；Chen et al., 2007）。因此，在权衡收益与成本之后，现阶段的境外投资者可能无法遵循其一贯的价值投资理念，甚至在一定程度上存在"羊群效应"（Lu et al., 2009）。在此情况下，我国的股票市场开放到底能否对上市公司的违法违规行为起到显著的抑制作用，从而发挥其治理优化效应呢？为了对这一问题做出解答，本书将按照开放政策实施的发展顺序，依次从交叉上市、合格境外机构投资者（QFII）持股及"沪港通"三个方面入手，在公司内外部信息不对称的前提下，基于代理问题的理论框架，对此问题进行深入的实证研究。具体而言：

首先，本书研究我国最早的开放措施——交叉上市对公司违法违规行为的影响。本书所指的交叉上市指A+B股和A+H股交叉上市。B股市场的设立，结束了境外投资者无法在中国内地证券市场交易股票的历史，也为当时的国民经济发展筹措了必要的资金。而赴港上市则为国有企业带来了先进的管理制度、技术以及经营理念，对当时的国有企业改革起到了重要的示范作用。史图斯（Stulz, 1999）和科菲（Coffee, 1999）从投资者保护和公司治理的角度提出了交叉上市的"绑定假说"，认为公司通过境外上市，自身将承担更为严格的投资者保护制度约束和更为严格的信息披露要求，在一定程度上降低了内部人从公司获取个人私利的可能性，吸引了本来不愿投资的投资者，降低了权益资本成本。若"绑定假说"成立，则交叉上市应能够产生公司治理的优化效应，降低上市公司违法违规行为发生的概率。

其次，本书考察我国加入 WTO 后重要的开放措施——合格境外机构投资者（QFII）对公司违法违规行为的影响。来自发达市场的机构投资者通常是具备全球化经验的专业投资者，相较于中国内地机构投资者，它们更多地关注公司治理水平，投资分析能力也更强，因此可能对上市公司形成更好的监督，提高上市公司违法违规行为被发现的概率。此外，境外投资者交易会促使分析师等市场中介的数量和质量提高，从而改善信息环境，有利于提高公司发生违法违规行为的成本，抑制大股东和管理层的违法违规冲动。基于此，本书从信息渠道和公司治理渠道出发，探究 QFII 持股对公司违法违规行为的影响及其作用机制。

最后，本书探究我国最新一轮的开放措施——境内外交易市场互联互通机制对公司违法违规行为的影响。2014 年 11 月 17 日，作为境内外股票市场交易互联互通的第一枪，"沪港通"机制正式落地，成为我国资本市场进入双向开放阶段的里程碑。所谓"沪港通"，即上海证券交易所和香港联合交易所股票市场交易的互联互通。"沪港通"机制在内地市场和国际市场之间建立了类似于透明天桥的资产配置通道，同时也将发达资本市场针对信息披露和公司治理方面的规范要求、法律法规等带入了内地资本市场，在一定程度上强化了对中国内地上市公司的监督。然而，虽然"沪港通"已经正式开通，但在现阶段，沪、港两地互联互通的披露规范、监管机制和执法细节还有待进一步明确与完善。在此情况下，"沪港通"机制能否在现阶段如期发挥显著的治理优化作用，并有效抑制投资者最为关心的上市公司违法违规行为呢？本书将对这一问题进行深入的实证探究，以期对现阶段和进一步的资本市场开放提供实证证据和政策启示。

通过实证研究，本书主要得到了如下研究结论：

首先，就交叉上市对公司违法违规行为的影响而言，本书研究发现：与仅在 A 股上市的公司相比，交叉上市公司发生违法违规行为的概率更低，违法违规次数更少，该结论在使用双重差分模型控制内生性后仍然成立；相较于A+B股公司而言，交叉上市对公司违法违规行为的抑制作用在A+H股公司中更加明显；交叉上市主要通过信息渠道约束上市公司的违法违规行为，在信息环境较差的公司中，交叉上市对公司违法违规行为的抑制作用更加明显。上述结论验证了交叉上市的"绑定假说"，即交叉上市能使企业处于更严格的法律监管和市场监督中，增加内部人牟取私利的成本，从而缓解代理问题，提高公司治理水平。

其次，就QFII持股对公司违法违规行为的影响而言，本书研究发现：第一，QFII持股能够降低被持股公司违法违规行为发生的概率和次数，这种治理作用在内部治理状况较差以及外部信息环境较差的上市公司中更为明显。第二，QFII持股一方面通过倾向得分匹配（PSM）和变动值双向回归的方法缓解了其与公司违法违规行为之间的内生性问题，另一方面也通过变换样本范围、更换测度指标等方法对本书结论进行了稳健性检验，结论依然成立，证明本书的研究结论是可靠的。第三，QFII持股减少公司违法违规行为的作用路径是通过改善公司的信息环境抑制其违法违规行为，而非对大股东和经理人产生直接的制衡作用。此外，QFII持股主要对公司的信息披露违法违规行为具有治理作用，对经营违法违规行为和领导人违法违规行为的影响不明显，但随着监管层对QFII持股比例限制的逐步放开，QFII对公司违法违规行为的治理作用逐渐增强。

最后，就"沪港通"机制对公司违法违规行为的影响而言，本书研究发现：第一，"沪港通"的开放能够降低公司的违法违规倾向，减少违法违规次数，该结论在用PSM方法校正样本选择偏差后仍然稳健。第二，"沪港通"对公司违法违规行为的治理作用通过两条途径实现，一是信息渠道，通过改善公司的信息环境，从而增加公司发生违法违规行为的成本，减少公司违法违规行为；二是公司治理渠道，通过优化公司的治理结构，对公司形成更好的监督，从而增加股东和管理层发生违法违规行为的成本，减少公司的违法违规行为。第三，通过变换模型设定、变换样本区间和范围等方法对本书结论进行稳健性检验，结论仍然成立，证明本书的研究结论是可靠的。

综上所述，我国的股票市场开放，不仅能够引入境外资本，弥补现阶段经济发展的资金缺口，还能够为资本市场微观主体的上市公司带来更深层次的影响，提高其公司治理水平，约束和减少上市公司的违法违规行为。

本书研究的主要贡献体现在以下两个方面：

一方面，本书的研究丰富了股票市场开放实施效果方面的研究。股票市场开放是一个相对宏观的概念，因此经典的文献主要从宏观上探讨股票市场开放对经济增长（Bekaert et al.，2000）、经济波动性（Kaminsky et al.，1999）、全要素生产率（Bekaert et al.，2011）等的影响，近十年来，从微观层面探讨股票市场开放对公司治理影响的研究才逐渐兴起。而在这些研究中，主要围绕代理成本（Stulz，1995）、盈余管理（Bae et al.，2006）、股价信息含量（钟覃琳、陆正飞，2018）等方面对股票市场开放的实施效果进行探讨，尚未有学者针对上市公司违法违规行为展开研究。与以往文献不同，本书从交叉上市、QFII 持股和"沪港通"这三项重要的开放措施入手，全面深入地探讨了我国股票市场开放影响公司违法违规行为的途径和机理，为股票市场开放的公司治理效应提供了新的研究视角和实证结论，也揭示了股票市场开放对于我国资本市场和上市公司健康发展的重要价值与积极意义。

另一方面，本书的研究丰富了公司违法违规行为影响因素的相关文献。与股票市场开放相反，公司违法违规行为是一个相对微观的概念，因此现有的研究也多从公司角度出发，探讨公司违法违规动机、公司特征等方面对违法违规行为的影响，而对宏观政策与环境的变化所带来的影响关注较少。然而，一国的资本市场与相关政策是上市公司生存和运营的基本环境，它们的发展与变化对微观企业的影响不容忽视。股票市场天然存在地域文化的分割及发展程度的差异，因此市场的开放与交流必然会带来多方的碰撞与融合。对于新兴市场来说，开放将带来成熟的投资者、投资理念和制度，必将促进和倒逼本国资本市场发展和升级。本书立足于我国的股票市场开放，不仅补充、丰富了公司违法违规行为的治理机制及影响因素，同时也提出了资本市场影响公司行为的一条新途径。

邹洋

2024 年 4 月

目录

1 导论 / 1

   1.1 研究背景与研究动机 / 1

   1.2 制度背景 / 6

      1.2.1 设立 B 股市场 / 7

      1.2.2 境外上市 / 8

      1.2.3 合格境外机构投资者（QFII）/ 8

      1.2.4 境内外资本市场互联互通——"沪港通""深港通"
      "沪伦通" / 9

   1.3 重要概念界定 / 10

      1.3.1 公司违法违规相关概念界定 / 10

      1.3.2 股票市场开放相关概念界定 / 11

   1.4 研究内容、逻辑框架与结构框架 / 12

   1.5 研究的主要创新及实践意义 / 15

      1.5.1 研究的创新点 / 15

      1.5.2 研究的实践意义 / 16

2 文献回顾与述评 / 19

   2.1 理论基础 / 19

      2.1.1 信息不对称理论 / 19

      2.1.2 委托代理理论 / 20

　　　2.1.3　公司治理理论 / 20

　2.2　公司违法违规 / 21

　　　2.2.1　文献回顾 / 21

　　　2.2.2　文献述评 / 24

　2.3　股票市场开放 / 25

　　　2.3.1　股票市场开放概述 / 25

　　　2.3.2　交叉上市 / 26

　　　2.3.3　境外机构投资者持股 / 31

　　　2.3.4　资本市场互联互通 / 32

　　　2.3.5　文献述评 / 32

3　交叉上市与公司违法违规行为 / 34

　3.1　引言 / 34

　3.2　理论分析与研究假设 / 36

　3.3　研究设计 / 38

　　　3.3.1　数据与样本 / 38

　　　3.3.2　模型设定与变量说明 / 38

　3.4　实证结果与分析 / 40

　　　3.4.1　描述性统计 / 40

　　　3.4.2　假设检验 / 42

　　　3.4.3　影响机制分析 / 45

　　　3.4.4　交叉上市对不同类别违法违规行为的影响 / 50

　3.5　内生性与稳健性检验 / 53

　　　3.5.1　内生性分析——DID 模型 / 53

　　　3.5.2　稳健性检验 / 55

　3.6　本章小结 / 57

4　QFII 持股与公司违法违规行为 / 59

　4.1　引言 / 59

　4.2　理论分析与研究假设 / 62

　4.3　研究设计 / 64

　　4.3.1　数据与样本 / 64

　　4.3.2　模型设定 / 64

　　4.3.3　变量说明 / 65

　4.4　实证结果与分析 / 67

　　4.4.1　描述性统计 / 67

　　4.4.2　QFII 持股与公司违法违规行为的关系检验 / 69

　　4.4.3　影响机制分析 / 72

　4.5　内生性与稳健性检验 / 82

　　4.5.1　内生性检验 / 82

　　4.5.2　稳健性检验 / 87

　4.6　进一步的研究 / 94

　　4.6.1　QFII 持股对不同类型违法违规行为的影响 / 94

　　4.6.2　分阶段考察 QFII 持股对公司违法违规行为的影响 / 97

　4.7　本章小结 / 100

5　"沪港通"与公司违法违规行为 / 102

　5.1　引言 / 102

　5.2　理论分析与研究假设 / 105

　5.3　研究设计 / 107

　　5.3.1　数据与样本 / 107

　　5.3.2　模型设定 / 107

　　5.3.3　变量说明 / 108

5.4 实证结果与分析 / 110

　5.4.1　描述性统计 / 110

　5.4.2　"沪港通"对公司违法违规行为的影响 / 111

　5.4.3　影响机制分析 / 114

5.5 内生性与稳健性检验 / 125

　5.5.1　内生性检验 / 125

　5.5.2　稳健性检验 / 128

5.6 进一步的研究 / 134

　5.6.1　"沪港通"对不同类型违法违规行为的影响 / 134

　5.6.2　交易活跃程度的影响 / 137

5.7 本章小结 / 139

6 结束语 / 141

6.1 研究结论 / 141

6.2 研究启示与政策建议 / 143

6.3 研究不足及展望 / 144

参考文献 / 146

后记 / 164

1　导论

1.1　研究背景与研究动机

继 2018 年 6 月 A 股 234 只股票被正式纳入全球最大指数公司——明晟 MSCI 指数（称为"入摩"）之后，2019 年 5 月，全球第二大指数公司富时罗素（FTSE Russell）也宣布正式将 A 股纳入其指数体系（称为"入富"）。与此同时，明晟公司将 A 股纳入权重从初始的 5% 提高到 10%，并明确表示将逐步扩大中国 A 股在 MSCI 全球基准指数中的权重：8 月份扩大至 15%，11 月份扩大至 20%，并计划于 11 月份将 A 股中盘股也纳入 MSCI 指数。此外，标准普尔道琼斯指数公司于 2019 年 9 月 6 日将中国 A 股纳入。至此，全球三大指数供应商都在其指数体系中加入中国 A 股，每年可为 A 股市场带来约 1 万亿人民币的外资增量资金。各大指数纳入中国股票的决定，体现了国际投资者对我国国家信用、经济发展前景和金融市场稳健性的充足信心，也是对中国资本市场改革开放成果的积极认可。

随着国际投资者的资金进入中国资本账户，中美贸易对峙所带来的外汇收入减少、经常账户逆差等问题将得到极大缓解和改善。多年来，我国的贸易出口大于进口，经常项目出现较大顺差，外汇储备增长较快。然而，在美国要求减少美中贸易逆差，以及我国步入老龄化社会后总体储蓄率持续走低的趋势下，我国的经常账户顺差在未来可能会逐渐消失，外汇储备压力可能会持续增大。在内忧外患的新经济环境下，金融开放可能对当前紧张的局势起到一定的缓解作用，并为我国经济发展注入新的活力。首先，各大指数将中国证券纳入后，国际资金将源源不断地流入我国的资本账户，不仅可以避免出现经常账户、资本账户"双逆差"的困局，促进收支平衡，缓解外汇储备压力，还可以大力推动人民币国际化进程，扩大人民币的影响力；其次，国际投资机构的大量进入，不仅使得我国资本市场的流动性更加充裕，还有可能进一步转变我国资本市场目前的投机氛围，降低市场的波动性，例如 2019 年初，外资的大量流入对 A 股的下跌行情起到了有效的支撑作用；最后，在微观上，国际金融机构的大量进入，也将为我国的金融机构和上市公司带来国际化的经验，增强其国际竞争力和影响力。

境外资金的流入，体现了国际投资者对中国经济发展的乐观预期，也是我国不断有序开放资本市场，顺应国际投资者需求的结果。自 20 世纪 90 年代初开始，我国资本市场已走过 30 多年的发展历程。全球经济的一体化，使得资本市场开放成为一种必然选择，我国也一直致力于在全球化趋势下合理渐进地开放资本市场。这些努力包括建立 B 股市场，鼓励 A+H 股交叉上市，建立合格境外机构投资者制度（QFII），实现境内外股票市场互联互通（"沪港通""深港通""沪伦通"）等。在资本市场开放稳步推进的同时，关于安全与开放的争论一直都十分激烈，20 世纪 90 年代发生的亚洲金融危机也时刻提醒着人们令人担忧的金融安全问题。开放和安全一体两面，因此我国的金融开放总体比较谨慎，具有脉冲式发展的特点，在一些领域甚至出现了逆开放的情况，例如包括银行在内的外资金融机构资产占比较我国刚加入世界贸易组织（WTO）时更低。时任博鳌亚洲论坛副理事长周小川曾表示，不竞争、不开放往往纵容了低标准，保护易导致寻租、懒惰、财务软约束等问题，使得我国上市公司和金融机构的竞争力更弱，损害行业发展。在经历了反复讨论和激烈博弈后，2018 年 4 月，时任中国人民银行行长易纲在博鳌亚洲论坛上正式宣布了金融开放的 11 项举措，并提出"宜早不宜迟，宜快不宜慢"，标志着在最高层次上形成了进一步开放的共识。

在 2019 年的两会上，李克强同志在政府工作报告中强调要以服务实体经济为导向，改革优化金融体系结构。在供给侧结构性改革推进三年后，习近平总书记在 2019 年 2 月份的政治局会议上指出要深化金融领域的供给侧结构性改革，强化金融服务功能。在 2019 年的两会记者招待会上，时任中国人民银行副行长潘功胜表示，中国股市的境外投资者持有占比仅为 2.7%，债市是 2.3%，总体上我国仍然处于资本市场开放的早期，在未来几年，这一块还会增长很快。可见，深化金融改革，提升金融市场服务实体经济的能力，已成为我国经济发展最重要的课题之一，而改革的抓手之一就是金融开放。只有坚定不移地扩大开放，才能保证我国资本市场法治化、规范化、国际化的发展方向，才能真正提升我国资本市场的国际竞争力，倒逼金融领域的供给侧结构性改革不断推进，从而在我国经济新旧动能转换的关键时期，更加高效地发挥资本市场的资源配置作用，促进实体经济的高质量发展。

实现资本市场的国际化接轨，不仅在于打通并加宽外资进入的渠道，推进上市公司治理机制的逐步完善也是实现中国资本市场国际化发展和金融领域供给侧结构性改革的重要条件。供给侧结构性改革的最终目的是提升资金的配置效率，对于股票市场来说，在引入境外资本、优化供给结构的同时，还要坚持抓住公司治理的"牛鼻子"，严防上市公司造假等重大违法违规行为对市场信心造成打击。从"万福生科""蓝田股份"到"康得新""康美药业"，不时发生的上市公司违法违规行为严重挫伤了投资者信心，增加了资本市场不稳定性，损害了股东价值，导致资本不合理配置。如何完善公司的治理机制，缓解信息不对称状况和代理问题，约束公司的违法违规行为，是当前监管层最为基础和紧要的课题，同时也是公司财务研究的核心问题之一。在此背景下，学者们围绕公司违法违规行为的影响因素展开了大量研究，发现独立董事及其声誉（Beasley，1996；Fich、Shivdasani，2007）、第一大股东集中持股（陈国进，2005）、机构投资者持股（陆瑶，2012）、严格的外部审计（Deli、Gillan，2000）、卖空机制（孟庆斌 等，2019）等因素可以有效抑制公司违法违规行为。但上述研究主要关注了公司的内部治理特征和部分外部治理机制，鲜有涉及对资本市场开放的探讨。资本市场开放是我国金融领域改革的重要战略和发展导向，因此深入了解资本市场开放对中国内地上市公司的积极效应十分重要，对国家未来的政策制定也具有重要的借鉴意义。

"沪港通""深港通""债券通""沪伦通"，包括科创板的有序推出，说明我国正处于不断开放资本市场、深化金融领域供给侧结构性改革的关键阶段，因此，相关政策实施效果的理论和实证证据，对当前的改革实践具有重大的现实意义。在这些开放制度中，股票市场开放对上市公司的影响是最为直接和重要的，因为它意味着股权结构的改变和日趋激烈的全球化竞争。在此背景下，学者们从提高分析师预测精准度（董秀良 等，2016）、降低盈余管理水平（贾巧玉、周嘉南，2016）、提高信息披露质量

（周红、谭凤，2012）、提升会计稳健性（李争光 等，2015）等方面，考察了我国股票市场开放对上市公司的治理作用。但到目前为止，鲜有研究关注股票市场开放对公司违法违规行为的影响。从公司违法违规行为影响因素的视角深入研究股票市场开放对我国上市公司的治理优化作用，不仅在理论上能丰富和补充相关领域的研究，对我国资本市场的健康长远发展也具有十分重要的现实意义。

股票市场开放作为资本市场开放的重要部分，不仅能够在宏观层面上促进一国的投资和经济增长（Henry，2000b；Bekaert et al.，2005），它还能作为一种外部治理机制，提高公司的治理水平。首先，股票市场开放后境外投资增加，而境外投资者与中国内地投资者的观念和行为方式存在差异，他们的投资分析技术更强、全球化经验更丰富（Bae et al.，2012；Kim et al.，2016），比中国内地投资者更多地关心公司治理（Kim et al.，2010），因此能够促使中国内地上市公司主动或被动地提高信息披露质量和公司治理水平以吸引境外投资者。其次，境外股权的加入使得市场规模增大，流动性增加，管理层市场和公司接管市场都将更加活跃，对公司施加了更大的高管被更换、公司被并购的压力（Stulz，1995；Lel、Miller，2008），加大了对公司大股东和管理者行为的奖惩力度，从而有助于加大市场对公司违法违规行为的惩罚力度。最后，境外投资者交易会导致境内外分析师和分析报告数量增加（Bae et al.，2006；Kim、Cheong，2015），不仅能够降低公司的信息不对称程度，改善公司的信息环境，同时分析师行业竞争的加剧也会倒逼中国内地分析师提高水平，有助于提高公司违法违规行为被发现的概率。综合上述分析，股票市场开放能够吸引境外资本进入 A 股上市公司，从而将上市公司、职业经理人和分析师等市场参与者置于全球化的竞争环境之下，有形或无形地提高内地上市公司的规范标准和治理水平，在一定程度上强化了市场对上市公司的监督，因此有助于降低大股东和管理层的违法违规冲动，减少公司的违法违规行为。

然而，我国股票市场开放是否能够优化上市公司治理机制，学界并没有得到一致的结论。其主要原因在于，一方面，我国的开放遵循审慎原则，在外资进入的额度和持股比例方面存在限制，因此境外投资者可能会缺乏参与公司治理的激励（Tam，2010）；另一方面，在激励不足的情况下，遥远的地理和文化距离使得积极监督和获取私有信息的成本高昂（Ayers et al.，2011；Chen et al.，2007），因此，在权衡收益与成本之后，现阶段的境外投资者可能无法遵循其一贯的价值投资理念，甚至在一定程度上存在"羊群效应"（Lu et al.，2009）。在此情况下，我国的股票市场开放到底能否对上市公司的违法违规行为起到显著的抑制作用，从而发挥其治理优化效应呢？为了对这一问题做出解答，本书将从上市公司的违法违规行为这一角度出发，系统全面地分析我国股票市场开放的公司治理效应。

我国股票市场开放始于 20 世纪 90 年代初，在 30 多年的发展历程中呈现出脉冲式特点，大约每十年进行一次开放模式的变革。这些模式包括：1991 年设立 B 股市场、1992 年我国公司赴境外上市、2002 年引入合格境外机构投资者（QFII）、2014 年沪港股票市场互联互通（简称"沪港通"）、2016 年深港股票市场互联互通（简称"深港通"）、2019 年 6 月 17 日启动上海和伦敦交易所互联互通（简称"沪伦通"）机制。在互联互通机制中，"深港通"和"沪伦通"启动时间较晚，数据区间较短，不能准确评估其实施效果，因此本书选择成立时间最长、政策实施效果趋于稳定的"沪港通"作为互联互通机制的代表进行研究。为全面系统地研究我国股票市场开放对上市公司违法违规行为的治理作用，本书将按照开放政策实施的发展顺序，依次从交叉上市、QFII 持股及"沪港通"三个方面入手，在公司内外部信息不对称的前提下，基于代理问题的理论框架，对此问题进行深入的实证研究。具体而言：

首先，本书研究我国最早的开放措施——交叉上市对公司违法违规行为的影响。本书所指的交叉上市指 A+B 股和 A+H 股交叉上市。B 股市场的设立，结束了境外投资者无法在中国证券市场交易股票的历史，也为当时的国民经济发展筹措了必要的资金。而赴港上市则为国有企业带来了先进的管理制度、技术以及经营理念，对当时的国有企业改革起到了重要的示范作用。史图斯（Stulz，1999）和科菲（Coffee，1999）从投资者保护和公司治理的角度提出了交叉上市的"绑定假说"，认为公司通过境外上市，自身将承担更为严格的投资者保护制度约束和更为严格的信息披露要求，因此在一定程度上能够降低公司内部人获取个人私利的可能性，吸引了本来不愿投资的投资者，降低了权益资本成本。若"绑定假说"成立，则交叉上市应能够产生公司治理的优化效应，降低上市公司发生违法违规行为的概率。

其次，本书考察我国重要的开放措施——合格境外机构投资者（QFII）对公司违法违规行为的影响。来自发达市场的机构投资者通常是具备全球化经验的专业投资者，相较于中国内地机构投资者，它们更多地关注公司治理水平，投资分析能力也更强，因此可能对上市公司形成更好的监督，提高公司违法违规行为被发现的概率。此外，境外投资者交易会促使分析师等市场中介的数量和质量提高，从而改善信息环境，有利于提高公司发生违法违规行为的成本，抑制大股东和管理层的违法违规行为。基于此，本书从信息渠道和公司治理渠道出发，探究 QFII 持股对公司违法违规行为的影响及其作用机制。

最后，本书探究我国最新一轮的开放措施——境内外交易市场互联互通机制对公司违法违规行为的影响。2014 年 11 月 17 日，作为境内外股票市场交易互联互通的第一枪，"沪港通"机制正式落地，成为我国资本市场进入双向开放阶段的里程碑。所谓"沪港通"，即上海证券交易所和香港联合交易所股票市场交易的互联互通。"沪港通"机制在内地市场和国际市场之间建立了类似于透明天桥的资产配置通道，同时也将发达资本市场针对信息披露和公司治理方面的规范要求、法律法规等带入了内地资本市场，在一定程度上强化了对上市公司的监督。然而，虽然"沪港通"已经正式开通，但在现阶段，沪、港两地互联互通的披露规范、监管机制和执法细节还有待进一步明确与完善。在此情况下，"沪港通"机制能否在现阶段如期发挥显著的治理优化作用，并有效抑制投资者最为关心的上市公司违法违规行为呢？本书将对这一问题进行深入的实证探究，以期对现阶段和进一步的资本市场开放提供实证证据和政策启示。

1.2 制度背景

坚持改革开放不动摇的基本国策，使中国经济获得了 40 多年的高速发展，取得了举世瞩目的辉煌成就。可以说，改革提升活力，开放带来繁荣。随着改革开放的推进，我国的资本市场也从单一的中小投资者和投资品种，逐步发展成为吸引世界著名投资机构，涵盖股票、期货、债券和衍生品的多层次资本市场。从封闭到开放，境外投资者不仅带来了资金，还带来了对中国企业的期许，帮助中国上市公司提升公司治理水平，完善信息披露机制，推动和倒逼了中国资本市场的进步。

1990 年底，上海证券交易所和深圳证券交易所先后成立，标志着中国资本市场的建立。经过数十年的发展，中国资本市场规模早已进入世界前列。作为一个新兴市场，中国资本市场在超速发展的同时，一些问题也逐渐浮现。基础制度不甚完备、投资理念不够成熟、公司治理机制不健全、投资者结构不尽合理等，这些问题催生了上市公司的违法违规行为，制约着中国资本市场服务实体经济、防范金融风险的能力，难以提升广大投资者的获得感。中国资本市场的发展历史远远短于发达国家资本市场的历史，因此与发达资本市场相比，我们的制度储备、知识储备、人才储备都还有很大的差距，不完善、不成熟的地方很多。在这种情况下，我们的正确做法只能是沿着改革的道路继续前进，加大开放力度，引入国外成熟的机构和经验，以开放促升级，倒逼中国资本市场向着规范、透明、开放、有活力、有韧性的方向健康发展。

从早期对境外资本的简单需求，到如今更高水平的开放模式和平台，我们走过了一条渐进而漫长的开放之路。这些渐进的开放模式主要包括：1992 年 B 股市场开放，1993 年我国公司赴港上市，2003 年允许引进合格境外机构投资者，以及近年来不断推行的境内外资本市场互联互通（2014年"沪港通"、2016 年"深港通"、2019 年"沪伦通"）。接下来，本书将分别介绍和分析我国股票市场开放模式的制度背景。

1.2.1 设立 B 股市场

1992 年，中国第一支人民币特种股票——B 股诞生。港、澳、台同胞和外国人可以自由买卖交易，成为我国资本市场对外开放的第一步，结束了境外投资者无法在我国证券市场上交易股票的历史。

尽管随着 QFII、"沪港通"、"深港通"等开放渠道相继联通 A 股，曾被誉为"制度性创举"的 B 股逐渐被边缘化，在我国资本市场中的地位不复从前，但 B 股市场在 20 世纪 90 年代对我国经济发展做出的贡献却是不可磨灭的。首先，在当时外汇极其紧缺的条件下，B 股市场的设立为中国企业的改革筹措了必要的资金；其次，B 股在成立之初曾吸引了全球资本市场的广泛关注，进而吸引了部分境外金融机构首次在中国设立分部，开始分析我国的上市公司和资本市场；最后，B 股上市公司的会计核算办法以及信息披露机制遵照国际会计制度，为我国资本市场的后续开放和规范化起到了带头示范作用。

1.2.2 境外上市

对于新兴的中国资本市场来说，通过"走出去"促进自身的发展是当务之急。1993 年，青岛啤酒在香港成功上市，成为第一家 H 股上市公司，开启了我国企业赴境外上市的征程。早期的赴境外上市企业主要是国有企业，且主要是赴香港上市。国有企业不仅要承担自身的经营重任，还要担负一定的社会责任和政府经济目标，负担较重。而在 20 世纪 90 年代初，我国企业几乎没有现代化的经营理念和组织形式，处在"摸着石头过河"的困难阶段。为此，在政府鼓励下，一批国有企业赴香港上市，学习和引进发达市场先进的管理制度、经营理念和技术经验，为中国内地企业的改革发展提供了宝贵的示范，借此帮助国有企业完善其治理结构、改善其经营方式。

随着我国经济实力和综合国力的快速提升，互联网企业和高新技术企业也掀起了赴境外上市的浪潮。一方面，由于我国 A 股 IPO 融资条件以及隐性融资成本较高，成长型的创新企业难以上市，而境外资本市场则常具有准入条件较低、上市流程效率高的特点；另一方面，境外发达市场严格的监管制度和信息披露规范能够促进公司提升其治理水平，同时提高其国际知名度，从而降低资本成本，提高公司价值。

总的来说，赴境外上市能够使国有企业和民营企业借助国际资本的力量完善自身。国际化道路的打通，不仅能够为企业的发展筹措资金，更重要的是可以促进我国上市公司的规范化程度和治理水平提升（王化成 等，2008），倒逼中国内地市场发展升级，推进中国企业提升在全球投资人中的声誉度和信任度。

1.2.3 合格境外机构投资者（QFII）

2001 年，中国正式加入世界贸易组织。2003 年，中国资本市场开始尝试有限度地对外资开放——允许引进合格境外机构投资者，即 QFII。QFII 投资指符合条件的境外机构投资者获得当地政府审批后，汇入外汇资金并转换为当地货币，进而投资当地证券市场，投资结束后，再将资金汇出。2003 年 5 月 23 日，中国证监会批准瑞士银行合格境外机构投资者资格。2003 年 7 月 9 日，瑞士银行中国证券部完成了第一笔 A 股买入交易，标志着合格境外机构投资者正式进入，中国 A 股市场迈出了向世界开放的重要一步。

QFII 制度遵循审慎原则。2002 年颁布的《合格境外机构投资者境内证券投资管理暂行办法》规定，单一境外机构投资者通过 QFII 持有的单个上市公司股票比例不得超过该公司股份的 10%，所有境外机构投资者通过 QFII 对一家上市公司持有股票的比例总和不得超过该上市公司股份的 20%。2012 年，证监会发布《合格境外机构投资者证券投资管理办法》，大幅降低了 QFII 资格要求，并将 QFII 对单个上市公司 A 股的持股比例总和上限由 20% 提升至 30%。此后，QFII 的投资额度不断扩大，投资限制也逐渐减少，至 2016 年 9 月，证监会原则上取消了对 QFII 资产配置比例的限制。随着 QFII 进入门槛不断降低，境外养老基金、慈善基金、捐赠基金、信托公司先后通过 QFII 方式进入中国股市，而中国资本市场在过去几十年的发展当中，也给外资在内的长期投资机构和价值投资取向的投资人带来了不错的回报。如今，中国 A 股市场中 QFII 超过了 300 家，获批额度超过 1 000 亿美元，它们推开了中国资本市场的门，为中国资本市场增加了重要的投资力量，不仅带来了资金，也带来了成熟的投资理念，促进了资源的有效配置，提升了中国上市公司的质量和全球影响力。

1.2.4 境内外资本市场互联互通——"沪港通""深港通""沪伦通"

开放是双向的，资本是流动的，双向流动的资本能够发挥出更高的效率，能让资源得到更合理的配置。2014 年 11 月 17 日，"沪港通"开通。"沪港通"是沪港股票市场交易互联互通机制，具体而言，就是沪、港两地投资者通过当地证券公司就可以买卖对方交易所上市的股票。2016 年 12 月 5 日，"深港通"开通，同年"沪港通"投资总额度限制取消。香港市场是国际资本投资中国市场的平台，主要以机构投资者为主，而内地市场则主要以中小投资者为主，两地交易所形成合力和互补，可将金融资源更好地引入新经济。

2019 年 6 月 17 日，互联互通机制再下一城，上海和伦敦交易所互联互通（"沪伦通"）机制启动，进一步扩大了我国资本市场的双向开放，为国际国内金融市场注入了正能量、信心和信任，同时也有助于巩固和提升上海的国际金融中心地位，有利于人民币的国际化进程。对于中国内地投资者而言，"沪港通""深港通"和"沪伦通"的启动不仅意味着多地跨市场组合投资平台的形成，国际投资者成熟的投资理念和发达市场较好的投资者保护环境还能够敦促 A 股上市公司完善公司治理机制、提升信息披露水平，这对于中国内地投资者投资于本国资本市场也是一个非常有价值的推动。

1.3 重要概念界定

1.3.1 公司违法违规相关概念界定

公司违法违规这一概念在学术领域并没有权威和一致的定义，且表达方式不尽相同。例如，公司违法违规、公司舞弊、财务作假、败德行为、利润操纵等。出现这种情况的原因可能是在不断更新和完善的法律条款和法制环境下，公司违法违规本身就不是一个能够简单定义的概念。目前较为公认的是由美国反虚假财务报告委员会（COSO）和注册舞弊审查师协会（ACFE）在 2016 年发行的《舞弊风险管理指南》（*Fraud Risk Management Guide*）一书中提出的概念："公司违法违规是指通过欺骗，导致受害人遭受损失，而违法违规者获取可能收益的故意行为或不作为。"尽管上述定义在概念上没有错误，但是它并没有给予科研工作者们一个确切的定义，无法指导他们进行实际的可复制的违法违规行为数据搜集工作。因此，为了减少主观性、提高可复制性，研究者们通常针对某一条款的诉讼或某一数据库的数据来进行违法违规行为数据的采集。

在本书中，违法违规行为数据来源于国泰安经济金融研究数据库（CSMAR）的违法违规行为处理子库。遵循中国证监会及沪深交易所的相关规定[①]，公司违法违规行为是指公司违反国家或相关监管部门的法律法规的行为。相关监管部门指中国证监会、上海证券交易所和深圳证券交易所。参照中国证监会对公司违法违规行为的分类，本书将公司违法违规行为分为信息披露违法违规行为、经营违法违规行为、领导人违法违规行为三类。信息披露违法违规行为包括以下 7 个次类：虚构利润、虚列资产、虚假记载、推迟披露、重大遗漏、披露不实、欺诈上市；经营违法违规行为有 5 个次类：出资违法违规、擅自改变资金用途、占用公司资产、违法违规担保和其他；领导人违法违规行为包括内幕交易、违法违规买卖股票、操纵股价 3 个次类。

---

① 如中国证监会于 1996 年 10 月发布的《中国证券监督管理委员会关于严禁操纵证券市场行为的通知》、上海证券交易所于 2007 年 4 月发布的《上海证券交易所上市公司信息披露事务管理制度指引》等。

1.3.2 股票市场开放相关概念界定

与金融自由化、金融开放、资本账户开放、资本市场开放、证券市场开放相比，股票市场开放是一个范围较小，也较容易定义的概念。上述6个概念在文献中经常同时出现，它们的内涵和外延相互有所交叉，容易混淆，因此正确地界定相关概念有助于后续的研究工作。

在这些概念中，"金融自由化"（financial liberalization）涉及范围最广，它与"金融抑制"（financial repression）对应，二者的核心区别是政府是否对金融体系进行管制。金融自由化包括国内金融自由化和国际金融自由化两部分，国内金融自由化主要包括放松业务管制、利率管制等内容，国际金融自由化则主要包括放松资本、外汇管制等内容，而金融开放则主要指金融自由化的国际自由化，也即对外部分（Kaminsky、Schmuklex，2008；陈雨露、罗煜，2007；沈凤武 等，2012），并不包括利率管制等内容，因此其范围比金融自由化小。

事实上，金融开放也是一个涉及内容广泛而复杂的概念，学界和业界并没有形成对金融开放的规范定义。简单来说，金融开放不仅涵盖了资本账户开放的全部内容，还包括银行业、证券业、保险业、金融信息业等金融服务业的准入许可和跨境开放（Bekaert、Harvey，1995；沈凤武 等，2012）。若从国际收支表来看，金融开放的内容不仅体现为资本账户下的"金融账户"，还反映于经常账户中的"保险服务"和"金融服务"（张金清 等，2008）。

资本与金融账户，是国际收支平衡表的重要组成部分，是记录资产所有权在国际上流动情况的账户。在国际货币基金组织发布的第六版《国际收支手册》中，"资本与金融账户"之下又细分了两个账户："资本账户"和"金融账户"。"资本账户"记录了非生产、非金融资产的收买放弃以及资本转移的情况；"金融账户"则主要包括该国对外资产和负债所有权变更的所有权交易。金融账户又可根据不同的投资类型分为三类：直接投资、证券投资和其他投资（张金清 等，2008）。

根据上述分析，资本账户开放、资本市场开放、证券市场开放和股票市场开放的定义和范围业已清晰。资本账户开放所囊括内容最广，而资本市场开放主要指资本账户中的金融账户开放，因此其范围小于资本账户开放。证券市场开放则侧重于金融账户中的证券投资类别，因此其范围小于资本市场开放。证券是多种经济权益凭证的统称，包含股票、债券，商品期货、股票期货、期权、利率期货等。股票市场是证券市场的一个组成部分，因此股票市场开放的范围小于证券市场开放。本书的三个主要研究对象——交叉上市、境外合格机构投资者持股以及"沪港通"均属于股票市场开放的范畴。需要说明的是，本书所指的交叉上市是狭义的，即指严格的同一主体（区分母子公司）同时在两个证券交易所挂牌上市。

1.4　研究内容、逻辑框架与结构框架

本书系统地分析了我国资本市场发展40多年来，主要的几项股票市场开放措施对内地上市公司违法违规行为的影响。本书的整体逻辑基于上市公司存在信息不对称这一前提展开，在代理问题的理论框架下进行了具体的实证探究。本书的主要研究内容与逻辑框架如图1-1所示。

首先，本书从资本市场成立初期最早的开放措施——交叉上市入手，研究A+B股交叉上市与A+H股交叉上市对公司违法违规行为的影响与作用机制。对于我国交叉上市的公司治理效应，以往的研究结果存在一定的分歧，主要源于我国交叉上市的顺序并不符合"绑定假说"的设定，具有政府干预的特点。本书试图通过实证研究，检验我国的交叉上市是否具有良好的绑定效果，是否能够抑制本国上市公司的违法违规行为，并在此基础上检验A+B股与A+H股交叉上市的效果是否有所不同。

其次，本书研究加入WTO后我国股票市场的重要开放措施——合格境外机构投资者（QFII）持股对上市公司违法违规行为的影响及其作用机制。由于遵循审慎原则，我国的QFII额度和持股比例一直受到较强的限制，直到最近才逐渐放开。在此背景下，学术界对QFII治理效应的评价莫衷一是，认为缺乏激励的QFII仅仅具有选股能力，而并不具备监督等治理优化效果。本书通过实证研究，检验我国的QFII持股是否能够约束大股东和管理层的违法违规冲动，减少其违法违规行为，并进一步探究了QFII持股发挥作用的路径。

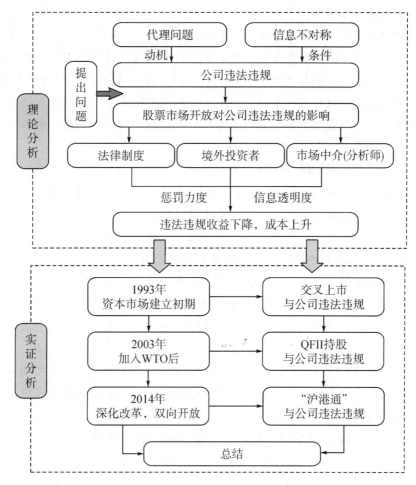

图 1-1　本书的主要研究内容与逻辑框架

最后，本书研究了我国资本市场开启双向开放时代的标志——"沪港通"机制对上市公司违法违规行为的影响。我国于 2014 年 11 月正式启动了沪港股票市场交易互联互通机制试点，为研究资本市场开放的实施效果提供了准自然实验环境。香港作为发达资本市场，必然会通过互联互通机制将其对上市公司的规范要求传递给内地，但是在现阶段，沪、港两市的监管机制、披露规范与执法细节还未达成全面完善的接轨，因此"沪港通"机制能否在现阶段如期发挥显著的治理优化作用，抑制上市公司的违法违规行为，也成了一个尚待解决的实证问题。本书在这一部分运用了多期双重差分模型，较好地克服了研究中存在的内生性问题，为资本市场开放的公司治理效应增添了新的证据。

本书结构框架如图1-2所示，共分为6章：

第1章为导论。本章首先介绍了本书研究的宏观背景与研究动机，并引出本书的研究主题与主要研究内容。其次介绍了本书研究的制度背景，并对相关的重要概念进行了界定和定义。再次阐明了本书的研究思路与逻辑框架，并详细介绍了各章节的内容安排。最后阐述了本书可能的理论创新以及实践意义。

第2章为文献回顾与评述。依据本书的具体研究内容，本章主要包含了对理论基础的阐述，以及对公司违法违规行为、股票市场开放、交叉上市以及境外投资者持股等领域的相关文献回顾与评述。

第3章为交叉上市与公司违法违规行为，是本书的第一个重要研究主题。首先，本书就交叉上市对公司违法违规行为的影响提出了理论假设，并进行了相应的实证检验。其次，通过双重差分的方法排除了内生性的影响，并通过进一步的实证研究探索了交叉上市影响公司违法违规行为的作用机制。最后，通过改变配对样本、排除其他开放措施的影响等方法对主要研究结论进行了稳健性检验。

第4章为QFII持股与公司违法违规行为，是本书的第二个重要研究主题。首先，本书就QFII持股对上市公司违法违规行为的影响提出了理论假设，并进行了相应的实证检验，同时也检验了内部治理环境以及外部信息环境对QFII持股治理效果的影响。其次，通过倾向得分匹配（PSM）和变动值双向回归的方法对内生性问题进行了排除，并对本章的主要结论进行了稳健性检验。最后，就QFII持股对公司违法违规行为影响的传导机制等问题进行了进一步的实证探究。

第5章为"沪港通"与公司违法违规行为，是本书的第三个重要研究主题。首先，本书就"沪港通"机制的开启对上市公司违法违规行为的影响提出了理论假设，并进行了相应的实证检验。其次，通过倾向得分匹配（PSM）的方法排除了内生性问题的干扰，并通过变换模型设定、样本区间、样本范围等方法进行了稳健性检验。最后，就"沪港通"机制影响公司违法违规行为的机制进行了进一步的实证研究。

第6章为结束语，是对本书的总结。首先，对本书的主要研究结论进行了概括和总结。其次，在此基础上，提出了本书结论的政策建议和研究启示。最后，分析阐述了本书的局限性，并对未来的研究方向进行了展望。

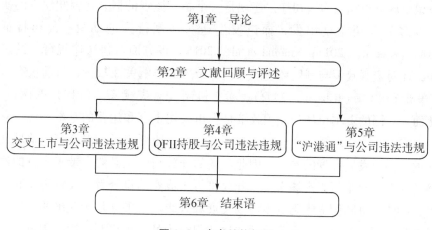

图 1-2　本书结构框架

1.5　研究的主要创新及实践意义

1.5.1　研究的创新点

本书的创新点主要体现在以下几个方面：

其一，本书的研究丰富了股票市场开放实施效果方面的研究。股票市场开放是一个相对宏观的概念，因此经典的文献主要从宏观上探讨股票市场开放对经济增长（Bekaert et al., 2000）、经济波动性（Kaminsky et al., 1999）、全要素生产率（Bekaert et al., 2011）等的影响，近十年来，从微观层面探讨股票市场开放对公司治理的影响的研究才逐渐兴起。而在这些研究中，主要围绕代理成本（Stulz, 1995）、盈余管理（Bae et al., 2006）、股价信息含量（钟覃琳、陆正飞，2018）等方面对股票市场开放的实施效果进行探讨，尚未有学者针对上市公司违法违规行为展开研究。与以往文献不同，本书从交叉上市、QFII 持股和"沪港通"这三项重要的开放措施入手，全面深入地探讨了我国股票市场开放影响公司违法违规行为的途径和机理，为股票市场开放的公司治理效应提供了新的研究视角和实证结论，也揭示了股票市场开放对于我国资本市场和上市公司健康发展的重要价值与积极意义。

其二，本书的研究丰富了公司违法违规行为影响因素的相关研究。与股票市场开放相反，公司违法违规是一个相对微观的概念，因此现有的研究也多从公司角度出发，探讨发生违法违规行为的动机、公司特征（Dechow et al.，2011；Khanna et al.，2015）等方面对违法违规行为的影响，而对宏观政策与制度环境的变化所带来的影响关注较少，目前仅有对《塞班斯法案》（Ribsein，2002）、卖空机制（孟庆斌 等，2019）的探讨。然而，一国的资本市场与相关政策是上市公司生存和运营的基本环境，它们的发展与变化对微观企业的影响不容忽视。股票市场天然地存在地域文化的分割及发展程度的差异，因此市场的开放与交流必然会带来多方的碰撞与融合。对于新兴市场来说，开放将带来成熟的投资者、投资理念和制度，必将促进和倒逼本国资本市场发展和升级。本书立足于我国的股票市场开放，不仅补充、丰富了公司违法违规行为的治理机制及影响因素，同时也提出了资本市场影响公司行为的一条新途径。

其三，本书依次研究了中国股票市场开放的三个渐进过程：交叉上市、引入合格境外机构投资者（QFII）以及资本市场互联互通（"沪港通"），从而全面分析了不同阶段和程度的股票市场开放的实施效果，有助于对实行股票市场开放以来的不同举措进行对比和分析，从而总结经验，为接下来的进一步开放措施提供实证证据和政策启示。

1.5.2 研究的实践意义

本书研究的实践意义主要体现在以下几个方面：

其一，本书的研究结论进一步证明了资本市场对外开放作为我国金融领域发展战略的重要性和必要性。资本市场对外开放作为我国改革开放基本国策的重要内容，其发展进程相对于其他新兴市场来说是比较谨慎和缓慢的，尤其是在 2008 年、2015 年"股灾"和去杠杆化的市场背景下，防范金融风险成为金融领域监管的头等大事。然而，安全和开放在某种程度上是一体两面的，过度强调安全必然要放弃或放缓金融开放的进程。事实上，关于安全和开放的博弈一直都十分激烈，对于金融安全等现实问题的担心使得反对开放的声音不小。直到 2018 年 4 月的博鳌论坛，金融开放的政策取向才突破重围，从最高层次上定调为金融改革的主旋律。

时任中国人民银行行长周小川曾表示，"全球经济危机告诉大家，要防范金融危机，首先要保证金融机构的健康性，高杠杆、低资本、不良贷款等现象均不得宽容，而不开放、不竞争往往纵容了低标准。各国经验都表明，保护易导致懒惰、财务软约束、寻租等问题，反而使竞争力更弱，损害行业发展。"当前，我国的资本市场已高速发展了 30 多年，规模庞大的同时很多问题也逐渐显现，投资理念不成熟、公司治理机制不健全、投资者结构不合理、上市公司频繁违法违规等，这些问题制约着中国资本市场服务实体经济、防范金融风险的能力。在这样的背景下，正确的做法还是不断提高开放水平，引进发达市场的投资者和机构，以开放促升级，以竞争促活力，倒逼中国的资本市场向着规范、透明、开放、有活力、有韧性的健康方向发展。本书从公司违法违规行为这一角度出发，通过实证研究揭示了我国的三项重要开放措施——交叉上市、QFII 持股和"沪港通"对于上市公司违法违规行为的治理作用，为资本市场开放在优化上市公司治理方面的良性效果提供了丰富的实证证据，揭示了开放对于资本市场健康发展的积极意义和重要价值，为推进与完善我国的资本市场开放起到了一定的政策启示作用。

其二，本书的研究结论为上市公司和监管部门提供了治理和防范公司违法违规行为的线索。与发达市场相比，我国仍然是投资者保护较弱的国家，现阶段相对落后的法治化进程和较高的诉讼成本导致市场中的违法违规行为多、影响大，而不时发生的重大违法违规行为严重挫伤了投资者信心，降低了资本配置效率，因此探讨我国上市公司的违法违规问题以及法律以外的约束机制具有举足轻重的实践意义和社会价值。本书通过详实全面的实证研究，证明股票市场对外开放对上市公司具有显著的治理优化效果，能够有效降低上市公司的违法违规冲动，约束管理层和大股东的违法违规动机。因此，本书的研究结论为上市公司和监管部门提供了治理和防范公司违法违规行为的线索，也为相关政府职能部门提供了重要的政策启示：为了有效地监督上市公司违法违规行为、维护市场秩序、保护投资者权益，股票市场开放作为一项有效的外部治理机制，其作用应该受到相关职能部门和投资者的充分重视，相关部门应在积累了一定的试点经验之后，继续本着互利共赢的原则，推进和完善金融开放机制，不断探索我国资本市场与国际资本市场的合作模式，更好地保障外部投资者的利益，最大限度地发挥金融开放的市场功能，提高金融市场的资本配置效率。

其三，本书的研究结论为我国上市公司的发展方向提供了有益的启示。随着我国资本市场的稳步开放与金融体系的不断发展，提高上市公司治理水平的重要性也日渐凸显。作为世界第二大经济体的中国，我们早已告别了早期对境外资本的简单需求，走到今天，我们需要的是与发达市场更加严格的治理规范逐步接轨，是新理念、新模式以及更有活力的竞争环境来激发自身的潜力，是更高水平的开放来倒逼资本市场和上市公司不断地完善升级，从而大力提升中国企业的国际竞争力，推动中国经济高质量发展。对于公司而言，随着开放的大门越来越宽，其通过违法违规行为获利等机会主义行为的空间将不断被压缩。因此，公司的股东和管理者只有放弃机会主义倾向，切实地从提高公司的治理水平和盈利能力上追求合法收益，才能保证公司和个人财富的长期、健康、稳定发展。

2 文献回顾与述评

本章首先介绍了全书的理论基础，其次是与本书的具体研究内容相关的文献回顾与评述，主要包括公司违法违规行为、股票市场开放、交叉上市、境外机构投资者持股和资本市场互联互通五个部分。

2.1 理论基础

2.1.1 信息不对称理论

信息不对称理论起源于 19 世纪 70 年代，是信息经济学的核心研究内容。美国经济学家阿克洛夫以旧车市场为例，率先提出了"柠檬市场"理论，为信息不对称理论的发展奠定了基础。从彼时起，斯蒂格利茨（Stiglitz）等著名经济学家就开始应用这一理论，在许多领域进行了广泛的研究，得出了重要的学科基本理论，例如"逆向选择"和"信号传递"。信息不对称理论在公司财务研究中也得到了重要的应用（Miller & Rocker, 1985）。信息状态是不对称的，在经济个体之间分布不均，总有一些人比其他人拥有更多的信息。也就是说，信息不对称是客观的和广泛的，也是现实经济活动的基本特征。

信息不对称是违法违规行为存在的基本前提。社会经济活动是在特定法律法规的约束下进行的，在信息不对称的情况下，人们可能会通过违反这些规则和法律，从而获得机会利益（金伯富，2000）。违法违规行为属于机会主义行为范畴，威廉姆森将机会主义定义为"经济活动家以狡猾的方式追求自己的利益，他将适应情况并加以利用，他将以针对性和战略性的方式使用信息（有时包括说谎、隐藏、欺骗）"①。因此，本书将以信息不对称理论为基础检验股票市场开放与公司违法违规行为的关系。

2.1.2　委托代理理论

公司的价值在经营权和所有权合一的情况下可以达到最大化，然而现代公司的所有权和经营权常常是分离的，由此产生代理问题（Jensen & Meckling，1976）。若公司股权较为分散，则所持股份比例较小的自然人股东往往没有动力对公司的管理层进行积极的监督，因为此时监督成本高昂，而监督收益却由全体股东按持有比例共享，故而产生了中小股东的"搭便车"问题。股东间的"搭便车"行为常常导致对管理层的监督不够，进一步加剧了公司的"内部人控制"问题（Grossman & Hart，1980）。受监督不足的管理层利用经理职位牟取个人私利，相应风险却由股东承担，导致公司价值下降，代理成本增加。上述管理层与股东之间的委托代理问题在学术界被称为第一类代理问题。

大股东的存在，一方面可以作为一种对管理层的监督机制，抑制管理层的自利行为，缓解第一类代理问题（La Porta et al.，1998）；然而另一方面，大股东的存在可能导致其对中小股东进行利益侵占和"掏空"（Johnson et al.，2000），从而产生第二类代理问题。多伊奇等（Doidge et al.，2004）利用在美交叉上市并具有双层股权结构公司数据进行的实证检验表明，在美国主要交易所交叉上市公司的投票权溢价比未交叉上市公司的投票权溢价低43%，从而证明股票市场开放降低了控制权私利水平，有助于缓解第二类代理问题。

2.1.3　公司治理理论

公司治理的概念起源于20世纪30年代，由美国学者贝利和米恩斯提出。公司治理的主要目的就是解决现代企业所有权和经营权分离所带来的代理问题，良好的公司治理能够促进公司经营目标的实现，同时对包括公司的大小股东在内的利益相关者进行一体化的权益保护（Lee，1996）。公司治理理论强调对经理人或实际控制人进行监督、约束和激励，而所谓的公司治理机制就是指能够对公司代理成本起到控制、约束和降低作用的各

---

① 奥利弗·E. 威廉姆森. 资本主义经济制度 [M]. 段毅才，译. 北京：商务印书馆，2002：31.

种制度安排的总称。

公司治理机制按照所用资源的来源，可以分为内部治理系统和外部治理系统。其中，内部治理机制的核心是董事会，包括董事会的结构、规模、形式等，此外，股东大会、监事会、薪酬制度、激励计划、内部审计制度等都是内部治理机制的重要组成部分。而外部治理机制则主要包括投资者保护条例在内的相关法律制度、产品市场、资本市场以及独立审计评价机制等。内部治理机制能够直接或间接地对经理人或实际控制人进行监督、激励和约束，而外部治理机制的存在能够对经理人或实际控制人施加一种持续的压力，并形成威慑，进而约束他们的自利行为。外部与内部治理机制相互补充、有机结合，形成了完整的公司治理体系。

股票市场开放属于公司的外部治理机制，现有的研究已从盈余管理、股价崩盘风险、融资约束等方面探讨了股票市场开放的公司治理效应，而到目前为止还未有研究从抑制公司违法违规行为的角度对资本市场开放的公司治理效应进行研究。一般而言，公司违法违规行为的出现源于管理层或大股东的自利动机。因此，可将公司违法违规行为看作严重的委托代理问题的外在表现。而如何激励管理层，使其与股东的利益趋于一致，以及如何限制大股东攫取控制权私利，降低代理成本，一直是公司治理的核心问题。因此，本书将基于委托代理理论和公司治理视角，探讨股票市场开放与上市公司违法违规行为的关系。

2.2 公司违法违规

2.2.1 文献回顾

上市公司的违法违规行为严重降低了资本市场的配置效率，挫伤了市场参与者们的相互信任（Zahra et al., 2007）。根据注册舞弊审查师协会（ACFE）在 2018 年的测算，在全球范围内，上市公司违法违规行为造成的年收入损失达到了 5%，相当于 4 万亿美元。实际上，违法违规行为究竟给上市公司带来了多少损失，无法精确计算，但能够肯定的是，这些损失和成本，数量庞大且没有任何价值。公司的违法违规行为不仅对自身和其投资者造成损失，它还能对同行业的其他公司造成负面影响，例如更严格的外部审计以及更高的审计费用（Guo et al., 2017）。在此背景下，公司的违法违规行为已成为学术界、实业界和政策制定者们共同关心的热点问题之一。传统的违法违规行为领域研究主要关注两类问题，其一是发生违法违规行为的动机，其二是违法违规行为的影响因素和治理机制。近年来，随着心理学和人工智能等学科技术的不断发展与融合，违法违规行为领域的研究也出现了一些新的前沿，如文本分析（Purda & Skillicorn，2014）、机器学习（Dbouk & Zaarour，2017）、数据挖掘（Amani & Fadlalla，2017）等人工智能技术在稽查违法违规行为方面的应用，还有一部分文献从心理学和社会学的视角研究管理者道德价值观缺失、过度自信等个人特质对违法违规行为的影响（Zona et al.，2013）。

2.2.1.1　理论模型

在公司违法违规行为领域中，应用最为广泛的理论就是由克雷西（Cressey）在1953年提出，并由注册舞弊审查师协会（ACFE）的创始人约瑟夫·威尔斯（Joseph Wells）推而广之的舞弊三角形理论。舞弊三角形理论在解释、预测和监督违法违规行为方面得到了越来越多的应用。舞弊三角形理论认为，所有的违法违规行为都与三个因素以及它们之间的互动有关：动机、机会以及合理化。随着对违法违规行为的研究不断深入，一些学者将舞弊三角形理论与其他理论结合起来共同解释违法违规行为，如伦理学、价值观、心理学、社会学、犯罪学等（Donelson et al.，2016；Van & Buckby，2017；Wilson et al.，2018）。与此同时，一些学者也提出违法违规行为的复杂性使得其并不能由舞弊三角形理论完美地解释，还有很多的影响因素无法很好地嵌入这个经典的理论框架中（Lokanan，2015）。

除了舞弊三角形理论，贝克尔（Becker）在1968年提出的犯罪模型也常被应用于解释公司的违法违规行为。该模型认为代理人之所以会违法违规是因为违法违规行为的收益超过了违法违规行为的成本，即违法违规行为是公司仔细权衡收益和成本后的结果。后文的理论分析部分也遵循这一理论的思路，从股票市场开放如何影响公司的违法违规行为收益和成本入手，分析其对公司违法违规行为的治理作用。

2.2.1.2　违法违规动机

关于违法违规动机的文献丰富了舞弊三角形中的动机这一要素，只有深入了解违法违规者的动机，才能更好地监督和治理违法违规行为。公司的违法违规动机大致可以分为两类，第一类动机与资本市场表现也即股价相关。拥有这类动机的管理层或大股东倾向于通过违法违规行为抬升公司的股价，通常出于以下三个目的中的一个或多个：①使薪酬与股价挂钩或持有期权等股权激励的经理人获得更多的报酬（Beneish，1999b；Burns & Kedia，2006）；②为新项目筹集更多的外部资金，降低资本成本（Dechow et al.，1996；Bar – Gill & Bebchuk，2002）；③通过知情交易获取利益（Peng & Röell，2008）。第二类动机与合同或契约的履行有关。拥有这类动机的管理层或大股东倾向于通过违法违规行为虚增经营业绩，目的在于掩盖公司利润下滑的现实，避免与经营业绩挂钩的薪酬损失（Dechow et al.，2011）；或降低公司因陷入财务困境而面临的来自债权人、监管机构等的压力和成本（Dehow et al.，1996）。吴国萍和马施（2010）利用中国数据进行的研究也表明，公司受到的财务压力、保盈压力和保壳压力越大，公司违法违规的可能性也越大。

2.2.1.3　影响因素：来自公司内部

根据舞弊三角形理论，违法违规动机的存在并非违法违规行为发生的充分必要条件，还需要为其提供违法违规行为发生的内外部环境也即机会。其中，公司的内部环境和特征与违法违规行为的关系研究占到了违法违规行为领域文献的50%左右，涉及内容较多，而在这些文献中，研究得最早和最多的便是公司的内部治理结构，包括董事会结构与特征（Beasley，1996；Fich & Shivdasani，2007；蔡志岳、吴世农，2007）、高管薪酬结构（Peng、Röell，2008）、股权结构（Chen et al.，2006；陈国进等，2005）等，所得结论基本一致，即良好的内部治理水平能够有效地约束公司的违法违规行为。除公司治理结构外，公司的违法违规行为和被稽查发现的概率还与高管与董事间的裙带关系（Khanna et al.，2015；陆瑶、胡江燕，2016）、公司的销售增长率（Beneish，1999a）、运营资本应计项目（Dechow et al.，1995）、公司战略（孟庆斌 等，2018）等因素有关。

2.2.1.4　影响因素：来自公司外部

相对于公司内部因素而言，关于违法违规行为的外部影响因素的研究较少。在外部治理机制中，绝大部分研究集中于讨论外部审计师对于公司违法违规行为的影响（Deli & Gillan，2000），以及他们发现违法违规行为所使用的工具和技术（Simon，2011；Griffith，2017）。此外，戴克等（Dyck et al.，2008）的研究表明，新闻媒体对公司违法违规行为具有治理作用；陆瑶等（2012）发现机构投资者持股可以使公司违法违规倾向降低，提高违法违规行为稽查率；郑建明等（2015）发现分析师跟踪可以显著降低上市公司业绩预告违法违规行为发生的概率；滕飞等（2016）研究了产品市场竞争与公司违法违规的关系，发现产品市场竞争对公司违法违规存在诱发作用；孟庆斌等（2019）发现卖空机制能够抑制上市公司的违法违规行为。

2.2.2　文献述评

上市公司的违法违规行为严重威胁到资本市场的效率和健康发展，它们严重挫伤了市场各参与者之间的相互信任，而信任是任何商业与金融活动发生的基础。从 21 世纪初的"银广夏""蓝田股份"，到几年前的"绿大地""万福生科"，直至最近震惊资本市场的"康得新"和"康美药业"造假案，恶性违法违规行为屡禁不止，不断刷新造假规模的记录。以"两康"为代表的一系列上市公司违法违规行为，已然成为资本市场的一大公害，涉及众多知名企业，牵连不少大型会计师事务所，严重侵犯了中小股东的利益，造成资本分配的不公平。

在此背景下，学者们从多个角度研究了公司违法违规行为的影响因素和治理机制，但在这些研究中，绝大多数是关于公司自身特征与违法违规行为的关系的，例如董事会特征（Beasley，1996；蔡志岳、吴世农，2007）、股权结构（Chen et al.，2006；陈国进 等，2005）、公司战略（孟庆斌 等，2018）等。然而，无可避免的内生性等，使得这些内部因素与违法违规行为之间更多的呈现出一种相关关系，这种相关关系也许能够帮助审计师们更好地评估其违法违规风险，但无法从根本上约束大股东和管理层的违法违规动机和倾向。因此，本书认为，一些外部的、政策性的市场机制可能在抑制和约束上市公司违法违规行为方面具有更好的实践效果和研究价值。例如孟庆斌等（2019）的研究以中国开启融资融券试点为背景，发现卖空机制能够通过提高稽查概率和形成威慑，降低上市公司的违法违规概率，证明卖空等市场机制的建立健全能够显著提升资本市场对上市公司自发的监督作用，倒逼其减少违法违规等自利行为。从我国上市公司违法违规行为愈演愈烈的趋势可以推见，依靠法律、证监会和审计师的力量去监督和约束上市公司是远远不够的，我们还须从制度等背后的深层次原因入手，探索监督和遏制上市公司财务造假等违法违规行为的对策。

作为我国金融领域发展的重要战略与政策导向，深入解析股票市场对外开放的实施效果对我国资本市场的长足发展举足轻重。以"交叉上市"、

"QFII 持股"以及"沪港通"三个渐进的开放措施为研究对象，全面了解我国股票市场开放对上市公司违法违规行为的治理效应，不仅提出了资本市场影响公司行为的一条新途径，也是针对我国作为新兴市场的独特背景下，上市公司违法违规行为在外部治理机制这一研究领域中的重要补充与拓展。

2.3　股票市场开放

2.3.1　股票市场开放概述

股票市场开放属于金融开放、资本市场开放、资本账户开放的范畴，因此与金融开放、资本市场开放和资本账户开放有关的研究都在一定程度上涵盖了股票市场开放的内容。关于资本市场开放的经济后果，目前的研究主要分为两类。

一类从宏观上研究资本市场开放对宏观经济的影响，所得结论并不一致。如新古典主义理论所预期，大量研究表明资本市场开放能够促进经济增长（Bekaert et al.，2000；Bekaert et al.，2007）、分散风险（Iwata & Wu，2009）、促进投资和消费（Henry，2000b；Bekaert et al.，2000；Funke，2002）、提高全要素生产率（Bekaert et al.，2011）等。总的来说，实证研究较多地支持了资本市场开放的财富效应（Case et al.，2005），证明了资本账户开放后国际分配效率提高的福利经济学意义（Edison et al.，2002）。然而在 20 世纪 90 年代，亚洲爆发了一系列金融危机之后，越来越多的经济学者开始重新审视资本市场开放带来的国际资本投机活动，并发现资本市场开放会增加经济波动、危害宏观经济的稳定性，甚至导致金融危机（Kaminsky et al.，1999；Bae et al.，2004；李巍，2008；李巍、张志超，2008）。实证结果的不一致性主要是因为跨国截面数据容易受到法律体制、经济发展程度、金融市场成熟度、文化因素等影响，产生遗漏变量进而造成参数的错误估计（Gul，2006）。跨国研究结论的不一致性也提示学者们，资本市场开放的有益效果依赖于开放国一定的自身条件（Klein & Olivei，2008），如金融体系是否健全、会计准则严格程度、投资者保护制度是否健全等（Eichengreen et al.，2011）。总之，资本市场开放的正向效应需要开放国达到一定的门槛，包括但不限于贸易开放程度、金融市场发展前景、机构投资者结构和质量等（Kose et al., 2011）。值得注意的是，亨利（Henry，2007）的研究指出，在研究资本市场开放与金融危机的关系时，应区分资本市场开放的类型，几乎所有的研究都表明金融危机或经济危机主要与债券市场的开放有关，与股票市场的开放关系不大。这是因为债券的利息是刚性兑付的，与股权投资体现的风险共担不同，在困难时期若债券无法得到兑付，就容易引发危机。

另一类研究则从微观上研究股票市场开放对公司治理的影响。这类研究的共识相对于宏观经济而言要大许多。现有研究的普遍结论是，股票市场开放后，外资进入新兴市场经济国家的上市公司，有助于优化公司治理结构、加强监督、改善公司信息环境、活跃市场竞争等，最终提升公司的治理水平（Stulz，1995；Bae et al., 2006）。一系列文献为上述结论提供了具体证据。史图斯（Stulz，1995）提出股票市场开放使公司被并购的可能性增加、管理层市场竞争压力增大，从而使公司获得更好的监督，代理成本降低。巴等（Bae et al., 2006）指出股票市场开放可以改善信息环境，进而减少盈余管理和市场操纵，这是因为，一方面，股票市场开放可以给市场参与者增加压力，促使其采用更高的法制规范以及披露标准，以吸引境外投资者；另一方面，随着股票市场的开放，分析师跟踪人数增加，承销商等中介机构也将更多精力关注本土市场，使得公司的信息披露质量提高、盈余管理降低。高希等（Ghosh et al., 2008）利用印度数据发现资本市场开放通过对银行股施加并购压力降低了代理成本、提升了公司价值。金姆等（Kim et al., 2010）发现外国股东表现出与国内投资者不同的行为方式，他们比国内投资者更多地关心公司治理。然而到目前为止，还未有研究从违法违规行为的角度验证股票市场开放对新兴市场上市公司的治理效应。

2.3.2 交叉上市

2.3.2.1 传统动因理论

交叉上市本质上属于企业的融资活动，因此传统动因理论主要从资本成本这一融资关键要素分析其动因，形成了下述两大类假说。

第一类是市场分割假说，由斯泰普尔顿（Stapleton）和苏布拉马尼亚姆（Subrahmanyam）于1977年提出，其核心观点是当存在国际投资壁垒时，国际资本市场是分割的，公司股票一般只被公司所在国的居民持有。

由于风险不能有效分散，投资者会提高风险调整后的期望收益率，导致公司面临着较高的资金成本。交叉上市可以消除投资壁垒和市场分割的负面效应，从而达到分散风险和降低资本成本的目的。国内外学者从市场流动性、股票价格的市场反应等不同角度验证了市场分割假说（Miller，1999；Forester & Karolyi，1999；沈红波，2007；郑春美 等，2014）。

第二类是在市场分割假说的基础上，学者们发展出了交叉上市的流动性假说和投资者认知假说。流动性假说由阿米胡德（Amihud）和门德尔森（Mendelson）于1986年提出，其核心观点是交叉上市能够增强股票的流动性，从而降低公司的资本成本。大部分实证研究支持交叉上市的流动性假说（Korczak & Bohl，2005；Chan et al.，2008）。投资者认知假说由默顿（Merton，1987）提出，其核心观点是投资者倾向于投资自己了解、拥有信息较多的证券。因此，在其他条件相同时，交叉上市能够使公司被更多的投资者了解，减少"影子成本"，从而降低投资者的预期收益，降低资本成本，提高股票的市场价值。股东基数变动和企业知名度变动是交叉上市提高投资者认知度的两个主要方面（潘越，2007；Baker et al.，2002；Lang et al.，2003）。弗尔斯特和卡罗利（Forester & Karolyi，1999）则认为只要交叉上市能够扩大股东基数，就可以为公司创造价值，因为股东基数的扩大可以使公司的风险在更多的股东中间来分担，从而降低公司的资本成本。

市场分割理论在一定程度上解释了公司交叉上市行为的动因，但存在一定的局限性。例如，史图斯（Stulz，1999）对市场分割理论提出了质疑：首先，如果公司选择交叉上市可以消除投资壁垒、降低资本成本，那么所有上市公司都会为了降低资本成本选择交叉上市，但事实是每个国家都有很多公司没有选择交叉上市；其次，由于经济不断发展，资本市场壁垒减少，交叉上市获益减少，交叉上市的公司个数应该会下降，但实际结果与此相反。由此，史图斯（Stulz，1999）和科菲（Coffee，1999）从投资者保护和公司治理的角度发展出了交叉上市的"绑定假说"，进一步从改善公司治理的角度审视公司的交叉上市行为（Stulz，1999），由"绑定假说"出发探讨交叉上市对公司治理的影响也成为近年来该领域研究的趋势和热点。

2.3.2.2 绑定假说（又称约束假说）

"绑定假说"认为，公司通过境外上市，自身将承担更为严格的投资者保护制度约束，更为严格的信息披露要求以及更为严厉的监管，从而在一定程度上限制了内部人从公司获取个人私利的可能性，吸引了本来不愿投资的投资者，降低了权益资本成本。境外上市可以通过完善法律制度以及提高信息披露规范这两条基本途径来提高公司治理水平、降低权益资本成本，为此，史图斯（Stulz，1999）将约束理论分解为"法律约束"和"声誉约束"。

（1）法律约束（legal bonding）

法律约束包含两层含义：一是发达市场具有更加健全的投资者保护制度，对公司治理、信息披露等方面的要求更高，能够有效限制公司内部人攫取私利的行为；二是发达市场的证券监管机构能够对交叉上市公司的财务报告及股票交易行为进行更严格的监督管理，因此即使公司存在违法违规行为，其监管机构也能够及时对企业提起法律诉讼或实施法律制裁（Coffee，1999）。可以看出，法律约束主要通过筛选机制和监管机制发挥作用（Stulz，1999；Coffee，2002；Doidge et al.，2004）。具体而言，在筛选机制中，美国证券法律法规执行部门会根据申请在美国上市的境外公司的条件进行审核，批准符合条件的公司上市，而不符合条件的公司则不批准上市。因此，筛选机制将影响境外公司的交叉上市决策，也就是说，境外公司需要考虑可在美国上市的条件。在监管机制中，美国证券监管机构对美国上市公司的财务报告和股票交易行为进行监督和管理，并对违法违规行为提起法律诉讼或施加法律制裁。因此，合规的交叉上市公司将在公司治理和公司价值方面获得交叉上市的收益，同时支付合规成本，而发生违法违规行为的公司则会因其违法违规行为而在严厉的法律监管和诉讼中受到惩罚。

大量研究从法律约束的角度验证了交叉上市对于公司治理的改善效果。例如降低控制权私利水平（Doidge et al.，2004）、提高审计委员会和董事会独立性（Charitou et al.，2007）、提高公司更换不称职CEO的能力（Lel & Miller，2008）、提高公司价值（Charitou & Louca，2009）、促进违法违规公司注销上市（Fernandes et al.，2010）等。可见，交叉上市的法律约束增加了公司遭遇法律诉讼和股东诉讼的风险，增大了公司违法违规的成本。但到目前为止，交叉上市是否能够有效约束我国上市公司的违法违规行为，还未有直接的证据。

（2）市场约束（或声誉约束）（reputational bonding）

尽管大量研究证明了法律约束对交叉上市公司的作用，但其监管和制裁效果还是受到了部分学者的质疑。例如，西格尔（Siegel，2005）发现美国法律并没有有效地抑制和惩罚在美国交叉上市的墨西哥公司的内部人侵占公司资产等违法违规行为，他认为这可能是由于公司法的差异，在美国交叉上市公司的投资者对违法违规侵占行为的诉讼通常很难成功，而且即使成功，挽回损失的比例也很小。在成本与收益的权衡下，美国证券监督委员会（SEC）缺乏及时有效的对交叉上市违法违规外国公司提起诉讼和惩罚的意愿。因此，法律约束对于交叉上市对公司治理提升和资本成本下降的原因说服力度不够。在此背景下，市场约束从约束理论中分离出来，正式被提出。市场约束是指具有监督职能的媒介（如投资者、投资银行、评级机构、分析师、审计师、媒体等）将反映公司行为表现的信息传递给投资者和证券监管机构，从而对交叉上市公司起到监督作用，使这些公司受到激励或惩罚。可见，与法律约束不同，市场约束主要通过信息传导机制对交叉上市公司起到监督和约束作用（Coffee，2002；Doidge et al.，2009）。若声誉媒介的监督能力较强，且信息环境具备有效性，那么监督主体就能更快识别公司的行为，并将信息向外传递给投资者和证券监管部门。因此，交叉上市对声誉质量好的公司能够产生积极的经济效果，对声誉质量差的公司则会带来相应的市场惩罚或证券监管处罚。

从声誉约束理论出发探讨交叉上市经济后果的实证研究主要围绕改善信息环境展开。公司的信息披露不仅由于法律约束的存在而得到改善（Arping & Sautner，2013），分析师、机构投资者等声誉媒介的存在也能促使上市公司完善信息披露方式，因为他（它）们都更加偏好信息透明、披露及时的交叉上市公司。大量研究证明声誉约束的确存在（Doidge et al.，2009）。例如，布拉德肖等（Bradshaw et al. 2004）发现成熟市场的机构投资者会直接对交叉上市公司提出披露高质量财务报告的要求；不仅如此，机构投资者和审计师们对于交叉上市公司母国的投资者保护环境以及是否存在控股股东等情况也会进行详细审查（Aggarwal et al.，2007；Leuz et al.，2003；Choi et al.，2009）。此外，交叉上市后，公司的分析师追踪增加、分析师预测更加准确（Lang et al.，2003），进一步促进了信息披露质量的提高，改善了公司的信息环境（Foucault & Gehrig，2008）。除了完善信息披露方式和改善信息环境之外，声誉约束还能够有效约束内部人利用控制权攫取私利的行为、提高违法违规公司的诉讼风险等，从而提高公司价值（Lang & Lundholm，1996；Frésard & Salva，2010；Lang et al.，2004）。

综上所述，根据"绑定假说"，交叉上市可以说是一项基于企业层面的公司治理变革（O'Connor，2006）。然而到目前为止，关于交叉上市是否对公司的违法违规行为存在治理效应还未有直接的证据。

2.3.2.3 其他假说

（1）信号假说

信号假说由富尔斯特（Fuerst，1998）提出，其核心观点是发达市场具有更加严格的投资者保护制度和监管环境，因此公司的交叉上市行为就具有一定的信号作用，能够向投资者传达上市公司质量较好，至少达到交叉上市门槛的信息，从而降低其融资成本，提高公司价值。可见，"信号假说"和"绑定假说"的理论基础是一致的，正是因为发达市场要求严格，对公司形成了更好的约束，才能够使已经成功交叉上市的企业向投资者传递出自身品质出众的信号。

（2）政府干预假说

"政府干预假说"是覃家琦和邵新建（2015）针对中国特定背景下的A+H交叉上市提出的理论。"绑定假说"的研究对象往往是先在相对落后的母国（地区）上市后再到发达市场交叉上市（Ferris et al.，2010）。但是正如前文对制度背景的介绍，我国的A+H股交叉上市公司中，相当大比例的公司是先在更加发达的中国香港资本市场上市，而后再在相对欠发达的A股市场上市，这种独特的逆向交叉上市采取了与"绑定假说"完全相反的上市顺序，因此可能无法沿用主流的"绑定假说"来加以解释。覃家琦和邵新建（2015）指出我国的H股公司是政府主导到境外上市的，而非企业的自愿行为，不符合"绑定假说"的交叉上市顺序，由此提出中国A+H交叉上市的"政府干预假说"：A+H交叉上市公司比纯A公司受到更多的政府干预，当内部治理优化所带来的优势被政府干预部分乃至完全抵消后，就会带来一系列投资扭曲和经营扭曲的现象，如投资过度、资本配置效率降低、公司价值降低等。

然而，本书认为，我国企业早期的赴境外上市的确是伴随着国有企业改革而出现的，赴香港上市并非企业自愿而是政府干预的结果，但是这并不影响"绑定假说"在我国A+H交叉上市行为中的解释力度，原因如下：在20世纪90年代初，我国资本市场刚刚成立，而彼时的国有企业不仅要完成自身的经营目标，还要担负政府下达的经济任务和社会责任，肩上担子沉、使命重，却缺乏现代化的经营理念和组织形式，急需先进的管理和技术经验。1992 年 10 月，中国证监会成立，开始采用"摸着石头过河"的改革策略来推动股份制改造，这里的"石头"其实就是境外资本市场。香港资本市场立足全球，拥有严格的投资者保护制度以及健全的法律监管体系，投资者结构也更加合理，主要是机构投资者这样的成熟投资者，市场噪音相对较小。因此，为引进境外先进的全球化经验，为国有企业提供改革所需的管理和技术经验，完善国有企业的治理结构，我国政府大力鼓励一批国有企业到香港上市。从这个背景可以判断：中国政府的境外上市策略具有良好的"约束"意愿，动因与"绑定假说"相同，结果也应该类似。

关于交叉上市动因和经济后果的研究，中国内地学者也大多遵循"绑定假说"的逻辑，发现 A+H 股交叉上市公司具有更好的盈余质量（辛清泉、王兵，2010）、更低的非公允关联交易水平（计方、刘星，2011）、更低的信息不对称（周开国、周铭山，2014）、更稳定的股利政策（程子健等，2012）、更低的权益资本成本与更高的公司价值（肖珉、沈艺峰，2008；沈红波，2008；王亚星等，2012）等。但是目前为止，还没有学者将上市公司违法违规行为作为切入点，研究交叉上市对公司的治理作用。

2.3.3 境外机构投资者持股

关于境外机构投资者持股的研究主要分为两类，一类研究境外投资者持股的影响因素，另一类则主要关注境外投资者持股的经济后果。

2.3.3.1 境外机构投资者持股的影响因素

境外投资者持股的影响因素众多，大体上可以分为公司特征和宏观环境。在公司特征方面，公司规模、股权结构、股利分配、盈余管理、信息透明度、公司治理水平、股票流动性、社会责任等方面都会影响境外机构投资者的持股决策（Dahlquist & Robertsson，2001；Giannetti et al.，2006；Ferreira & Matos，2008；Leuz et al.，2008；段云、李菲，2014）。除公司特征外，宏观环境也能影响境外机构投资者的持股决策，例如若公司所在国遵循的会计准则较为严格、遵从程度较高，则能够吸引较多的境外投资者（Bradshaw et al.，2004；Covrig et al.，2007；Brüggemann et al.，2012）；公司所在国的市场开放程度、投资者保护程度、法治环境等均能影响境外机构的持股决策（Aggarwal et al.，2005）。

2.3.3.2 境外机构投资者持股的经济后果

境外机构投资者的参与，一方面可以通过直接干预提高公司的治理水平（Gillan & Starks，2003），另一方面也可以通过其先进的信息处理能力间接地提高公司的治理水平（McCahery et al.，2016）。在主动和间接监督的作用下，境外机构投资者能够起到降低盈余管理水平（Kim et al.，2016）、降低诉讼风险（Chhaochharia et al.，2012）、缓解融资约束（邓川、孙金金，2014）、改善信息环境（Kim & Cheong，2015）、提高会计稳健性（林雨晨 等，2015）、降低股价同步性（饶育蕾 等，2013）等作用，但到目前为止，鲜有研究关注境外机构投资者持股对公司违法违规行为的影响。

2.3.4　资本市场互联互通

现有研究大多围绕市场联动、市场反应、供求冲击、市场稳定性以及市场定价效率等问题对资本市场互联互通的实施效果进行探讨（严佳佳等，2015；闫红蕾、赵胜民，2017；罗春蓉 等，2017；徐晓光 等，2017；Liu et al.，2016；刘海飞 等，2018；钟覃琳、陆正飞，2018），对上市公司治理水平的影响的研究相对较少。然而，资本市场的互联互通，不仅仅是资金的双向通道，随着市场的逐渐成熟，香港市场较为严格的投资者保护制度和信息披露标准也将逐渐渗透到内地资本市场，带动和推动内地资本市场向着国际化的发展方向迈进。已有研究从降低股价崩盘风险（华鸣、孙谦，2018）、缓解公司融资约束（师倩、姚秋歌，2018）、减少公司盈余管理（师倩、高雅妮，2018）等方面，考察了资本市场开放对上市公司的治理作用，但还未有研究从上市公司违法违规行为视角探讨资本市场互联互通对上市公司的治理效应。

2.3.5　文献述评

关于股票市场开放的经济后果，已有研究存在诸多不一致的结论。大部分研究证明了股票市场开放的财富效应（Stulz，1995；Henry，2000a；Henry，2000b；Bekaert，2005；Bekaert，2011），也有部分学者认为开放提高了风险，最终不利于经济增长，甚至会引发金融危机（Stiglitz，1999；Stiglitz，2000；Bae et al.，2004；李巍，2008）。造成实证结果不一致的原因如下：①上述研究大多采用跨国的截面数据进行分析，然而跨国研究容易受到法律体制、经济发展程度、金融市场成熟度、文化因素等影响，产生遗漏变量进而造成参数的错误估计（Gul，2006）；②通过对比相关文献，发现上述研究对金融开放程度采用了不同的度量方式，而金融开放内容如何界定以及开放指标的选取都会直接影响研究的最终结论，这也反映了如何采用一致可靠的方法系统性地识别和量化各个国家的资本市场开放程度是一项非常困难的工作（Edison et al.，2004）；③一国的资本市场开放程度可能是策略性选择的结果，潜在地取决于当地的经济发展水平或者金融市场的成熟度（Bekaert et al.，2005；Mitton，2006），因此，双向因果关系引起的内生性问题将严重降低实证结果的有效性。

本书的研究设计较好地规避了上述三个问题。首先，本书选取中国上市公司作为样本，采用面板数据进行研究，不存在跨国截面数据较严重的遗漏变量问题；其次，本书研究的是我国三个渐进的股票市场开放措施，即交叉上市、QFII 持股以及"沪港通"对公司违法违规行为的影响，并没有采用任何已有或自创的指标来衡量股票市场开放程度，因此不存在度量方式不可靠的问题；最后，本书采用多种方式尝试解决内生性问题，例如处理效应模型、PSM 配对等，力求最大限度地缓解研究命题的内生性。

对于我国的资本市场开放，目前的研究多集中于市场反应、市场联动、供求冲击、定价效率等方面的问题（严佳佳 等，2015；闫红蕾、赵胜民，2017；罗春蓉 等，2017；徐晓光 等，2017；Liu et al.，2016；刘海飞 等，2018；钟覃琳、陆正飞，2018），对上市公司治理水平的影响的研究相对而言较少。然而，中国早已告别了早期对境外资本的简单需求，走到今天，我们更多地需要新理念、新制度、新模式来激发资本市场新的活力，推动中国经济高质量的健康发展。股票市场开放带来的最初可能是资金，但是逐渐地，还带来了全球投资者对整个中国企业的期许，能够帮助和倒逼中国上市公司提升公司治理、完善信息披露方式、提高投资者保护水平，这其实对于本国的资本市场和投资者而言是更长久的也是更有价值的推动。在目前我国上市公司违法违规造假愈演愈烈的趋势下，从投资者保护角度研究股票市场开放对于上市公司的治理优化效应，揭示股票市场开放对于我国资本市场健康发展的积极意义与重要价值是十分重要的，因此本书的研究结论也为相关政策的进一步实施与推进提供了实证证据。

3 交叉上市与公司违法违规行为

3.1 引言

一般而言，违法违规行为源于大股东或管理层的自利动机，这些自利动机在不完全的信息条件下，会促使管理层或大股东通过违反特定的法律规章制度来获取机会利益（金伯富，2000）。近年来，我国上市公司发生的违法违规行为严重挫伤了投资者信心，增加了资本市场的不稳定性。如何完善公司的治理机制，缓解信息不对称状况和代理问题，约束公司的违法违规行为，已成为公司财务研究的核心问题。为此，学者们围绕公司违法违规行为的治理机制展开了大量研究，发现独立董事及其声誉（Beasley，1996；Fich & Shivdasani，2007）、第一大股东集中持股（陈国进 等，2005）、机构投资者持股（陆瑶 等，2012）、严格的外部审计（Deli & Gillan，2000）等，均可以在一定程度上抑制公司违法违规行为。但到目前为止，还鲜有研究涉及对交叉上市这一股票市场开放机制的探讨。

交叉上市能够为企业带来一系列好处，如打破市场分割（Stapleton & Subrahmanyam，1977）、增强股票流动性（Amihud & Mendelson，1986）、提高企业知名度（Merton，1987；Baker et al.，2002）等，而其中最受关注的就是交叉上市的绑定效应对公司治理的提升作用。史图斯（Stulz，1999）和科菲（Coffee，1999）提出的"绑定假说"，认为境外上市将使企业置身于更严格的法律环境和市场环境之中，这不仅对企业提出了更高的信息披露要求，还可以有效降低内部人从公司攫取个人私利的可能性，提高投资者保护水平，赢得更多投资者青睐，从而降低融资成本。可见，"绑定假说"将交叉上市视为一种基于企业层面的公司治理变革（O'Connor，

2006），开创性地将跨境交叉上市纳入公司治理的研究范畴，为公司治理的研究打开了新的空间。在此基础上，学者们从多个角度验证了交叉上市的治理效应，例如降低控制权私利水平（Doidge et al.，2004）、更换表现糟糕的 CEO（Lel & Miller，2008）、降低盈余管理水平（沈红波 等，2009）、改善公司信息环境（Arping & Sautner，2013）等。但到目前为止，关于交叉上市是否对上市公司的违法违规行为存在治理效应，还未有直接的证据。

我国的交叉上市是伴随着国有企业改革而出现的。20 世纪 90 年代初，我国政府鼓励一批国有企业赴境外上市，希望引进境外先进的管理制度、技术以及经营理念，为更多的国有企业改革提供示范，借此完善中国内地企业治理结构以及经营方式。可见，我国政府的境外上市策略具有良好的"绑定"意愿。作为我国开放资本市场的第一步，交叉上市是否发挥了绑定作用，为中国内地上市公司带来了哪些转变，是否实现了交叉上市的政策初衷，成为学界、业界和政策制定者们共同关注的热点问题。为此，本书将立足中国市场，尝试利用实证检验探究这一问题。

本部分利用我国 2007—2017 年上市公司数据，研究交叉上市是否有助于减少我国企业的违法违规行为，以及这种治理效应在不同的交叉上市类型中是否存在差异。研究结果表明：与仅在 A 股上市的公司相比，交叉上市公司违法违规的概率更低，违法违规次数更少；相对于 A+B 股公司而言，交叉上市对公司违法违规行为的抑制作用在 A+H 股公司中更加明显。此外，交叉上市对违法违规行为的治理作用在法律环境及信息环境较差的公司中更加明显，在一定程度上证明了交叉上市影响违法违规行为的法律约束和市场约束渠道。

本部分研究的贡献主要体现在：第一，本章的研究丰富了公司违法违规行为影响因素的相关文献。现有的研究主要集中于违法违规动机、公司特征等方面对违法违规行为的影响，而对交叉上市等金融开放的相关机制则较少有研究关注。而本书的结论不仅发现了交叉上市对公司违法违规行为的抑制作用，也提出了资本市场影响公司行为的一条新途径。第二，本章的研究丰富了交叉上市经济后果方面的研究。现有的研究主要围绕公司价值（Doidge et al.，2004）、盈余管理（沈红波 等，2009）、融资约束（刘星 等，2016）等方面探讨交叉上市的"绑定效应"，较少有学者针对上市公司违法违规行为展开研究，本章以公司违法违规行为这一较受关注的问题为出发点，探讨交叉上市对公司违法违规行为的影响，为研究交叉上市的公司治理效应提供了新的角度和思路。第三，本章的研究分别从公司所处的法律环境和信息环境入手，证明交叉上市通过法律约束和市场约束这两条途径影响上市公司的违法违规行为。

3.2 理论分析与研究假设

交叉上市的"绑定效应"对公司违法违规行为产生治理作用的原因主要有三个方面：

（1）法律约束。法律约束包含两层含义：其一，发达市场具有更加健全的投资者保护制度，对公司治理、信息披露等方面的规范要求更高，能够有效限制公司内部人攫取私利的行为；其二，发达市场的证券监管机构能够对交叉上市公司的财务报告及股票交易行为进行更严格的监督管理，因此即使公司存在违法违规行为，其监管机构也能够及时对企业提起法律诉讼或实施法律制裁（Coffee，1999）。严格的监管和严厉的制裁使公司的违法违规成本大大增加，甚至有交叉上市的公司不堪忍受沉重的诉讼成本和监管强度而注销登记的（Fernandes et al.，2010）。

（2）市场约束（或声誉约束）。市场约束是指具有监督职能的声誉媒介（如投资者、投资银行、评级机构、分析师、审计师、媒体等）将反映公司行为表现的信息传递给投资者和证券监管机构，从而对交叉上市公司起到监督作用，使这些公司受到激励或惩罚。市场约束包括以下几个方面：其一，交叉上市后，分析师追踪增加、预测更加准确（Lang et al.，2003），增加了公司的信息透明度；其二，与中国内地投资者相比，境外投资者全球化经验丰富，拥有先进的沟通和分析工具（Kim & Cheong，2015），因此能够对公司进行更好的监督，增大公司违法违规行为被发现的概率；其三，交叉上市后，股权结构更加分散，投资者基数扩大（Fanto & Karmel，1997），使得公司被并购的可能性增大，经理人市场也更加活跃，因此增大了坏消息被披露后经理人被更换、公司被并购的风险，从而增加企业的违法违规成本；其四，境外投资者拥有更强的信息处理能力和更成熟的交易策略，能够及时地将相关信息反映到股价当中（Bae et al.，2012），从而在一定程度上增大公司违法违规行为被披露后股价的下行压力，造成对公司价值的负向冲击，增加其违法违规成本。可见，市场约束主要通过信息传导机制对交叉上市公司起到监督和约束作用（Coffee，2002；Doidge et al.，2009）。

（3）"绑定假说"不仅能够作用于公司的境外上市部分，法律约束和市场约束的加强也能改变公司在中国内地的行为。这是因为，首先，面对境外更加严格的法律监管与市场约束，公司将在境外公开披露更高质量的财务报告，而财务报告属于公共领域，公司提高境内财务报告透明度的成本将大幅下降（Lang et al.，2003），因此有助于提高境内公司的信息透明度（Reese & Weisbach，2002），从而提高违法违规行为被稽查发现的概率；其次，依据"绑定假说"，境外更佳的投资者法律保护与市场环境可以完善公司治理机制，降低股东与管理者、大股东与中小股东之间的利益冲突，缓解代理问题，因此有助于改善境内公司的公司治理环境，减少盈余管理等（Liu & Lu，2003）；最后，从理论上讲，交叉上市的股票有着相同的未来现金流和选举权，因此属于同质产品，其内在价值是一样的，且由于具有相同的系统风险，若新信息同时到达A股、B股与H股市场，交叉上市的证券应立即做出相似的反应。

综上所述，交叉上市的法律约束和市场约束增加了公司的违法违规成本，从而可能有助于降低公司的违法违规概率。基于此，本书提出如下假设：

假设3-1：与纯A股的非交叉上市公司相比，交叉上市公司的违法违规行为较少。

我国交叉上市公司大致分为两种类型：A+B股交叉上市，即同时在A股和B股市场发行股票的公司；A+H股交叉上市，即同时在内地A股市场与香港联合交易所发行股票的公司。B股（人民币特种股票）市场开启于20世纪90年代初，是中国资本市场中的特殊组成部分，它的成立结束了境外投资者不能在中国证券市场交易股票的历史。若交叉上市的"绑定假说"成立，则不同类型交叉上市的治理效果应有所不同。一方面，A+B股公司与纯A股公司都处于内地，除披露标准之外，二者受到的法律监管约束比较接近，而A+H股公司则还要受到香港地区相关法律法规的制约，因此，A+H股公司所受的法律约束应强于A+B股公司；另一方面，虽然A+B股公司受到的市场约束强于纯A股公司，然而随着近年来我国股票市场的逐步开放，QFII、"沪港通"、"深港通"等渠道相继联通A股，曾被誉为

"制度性创举"的 B 股逐渐被边缘化，且 B 股市场交投长期不活跃，流动性较差，因此对境外投资者的吸引力逐渐减弱，声誉媒介的参与度较低，可能无法有效发挥交叉上市的市场约束作用。因此，A+B 股公司所受声誉中介的约束也应弱于 A+H 股公司。综上所述，本书提出如下假设：

假设 3-2：相对于 A+B 股公司而言，交叉上市对违法违规行为的抑制作用在 A+H 股公司中更加明显。

3.3　研究设计

3.3.1　数据与样本

本书选择的研究对象为 2007—2017 年所有的 A+B 股和 A+H 股交叉上市公司，其中晨鸣纸业（000488）同时在 A、B、H 三个市场上市，为了区分不同交叉类型的治理效应，我们在样本中删去了该股票的观测值。本书采用配对方法确定控制样本，在样本期间的每一年度，对每家 A+B 股和 A+H 股公司分别选择一家仅在境内上市的纯 A 股公司作为配对公司，选配标准主要有三条：一是资产规模接近；二是行业相同；三是产权性质相同，即同为国有企业或民营企业。由此，我们得到的初始样本中包括 A+B 股公司观测值 918 个，A+H 股公司观测值 831 个，以及 A 股配对公司观测值 1 749 个。剔除 312 个变量缺失的观测值后，最终我们的有效观测值为 3 186 个。本书数据来自 CSMAR 数据库。

3.3.2　模型设定与变量说明

参考以往的研究（沈红波 等，2009；程子健、张俊瑞，2015），假设 3-1 和假设 3-2 的检验模型分别如式（3-1）、式（3-2）所示。

$$Y_{i,t} = \alpha + \beta \text{cross}_{i,t} + \text{control}_{i,t} + \varphi_i + \delta_t + \varepsilon_{it} \qquad (3-1)$$

$$Y_{i,t} = \alpha + \beta_1 AB_{i,t} + \beta_2 AH_{i,t} + \text{control}_{i,t} + \varphi_i + \delta_t + \varepsilon_{it} \qquad (3-2)$$

在式（3-1）中，被解释变量为上市公司的违法违规状况 $Y_{i,t}$。本书分别使用是否违法违规（fraud）和违法违规次数（freq）来表示 $Y_{i,t}$。主要解释变量为交叉上市（cross），若企业为交叉上市公司，则 cross = 1，否则为 0；$\text{control}_{i,t}$ 是一系列控制变量；此外，φ_i 和 δ_t 分别表示行业和年度固定效应，ε_{it}是残差项。回归系数 β 反映了核心解释变量"交叉上市"对公司违法违规行为的影响，是本书主要关注的实证结果。如果"绑定假说"成立，交叉上市对公司存在治理作用，那么相对于纯 A 股公司，交叉上市公司的违法违规次数应该更少，即 β 为负。在式（3-2）中，若企业为 A+B 股交叉上市公司，则 AB＝1，否则为 0；若企业为 A+H 股交叉上市公司，则 AH＝1，否则为 0；其他变量含义与式（3-1）相同。需要说明的是，在具体回归过程中，针对虚拟变量 fraud，使用 Logit 模型；针对计数变量 freq，使用泊松模型（poisson model）。此外，为避免变量数量过多带来的模型不收敛问题，参考陆瑶等（2012）的做法，本书在回归中并未设置公司固定效应，但通过控制变量（行业托宾 Q 中位数 tqmed）控制了部分个体公司固定效应的影响。同时，为避免由混合数据带来的公司层面的聚集效应对标准误的影响，本书对所有估计结果中的标准误均在公司层面进行了聚类（cluster）处理。

参考已有的研究（Khanna et al.，2015；陆瑶、李茶，2016），选取的控制变量包括审计质量（audit）、机构投资者持股比例（inssh）、分析师跟踪（analyst）、公司规模（size）、股票年收益率（ret）、高管持股比例（excuh）、产权性质（state）、独立董事比例（indr）、董事会规模（bdsize）、董事会会议次数（meeting）、股权集中度（owncon）、两职合一（plu）、股价同步性（syn）、资产负债率（lev）、上市年限（age）、收入增长率（grow）、行业信心（tqmed）、年换手率（turnover）、年波动率（volat）。本书模型中所用到的主要变量及其具体定义如表 3-1 所示。

表 3-1　变量定义

变量名称	变量符号	变量说明
公司违法违规	fraud	虚拟变量，公司存在违法违规行为时取值为 1，否则为 0
违法违规次数	freq	计数变量，公司的违法违规次数
交叉上市	cross	虚拟变量,若公司为交叉上市企业,则取值为 1,否则取 0
A+B 股交叉上市	AB	若公司为 A+B 股交叉上市企业，则取值为 1，否则取 0
A+H 股交叉上市	AH	若公司为 A+H 股交叉上市企业，则取值为 1，否则取 0

表3-1(续)

变量名称	变量符号	变量说明
审计质量	audit	虚拟变量，审计师为"国际四大"之一则取1，否则取0
机构投资者持股比例	inssh	年末除QFII外的机构投资者持股数量合计/总股本
分析师跟踪	analyst	跟踪分析上市公司的分析师人数
公司规模	size	总资产的自然对数
股票年收益率	ret	年个股回报率
高管持股比例	excuh	高管持股比例与A股流通股数的比值
产权性质	state	虚拟变量，如企业为国有企业则取值为1，否则为0
独立董事比例	indr	独立董事人数除以董事会人数
董事会规模	bdsize	年末董事会人数取对数
董事会会议次数	meeting	董事会会议次数取对数
股权集中度	owncon	年末前五大股东持股数量合计/总股本
两职合一	plu	董事长、总经理两职合一时取1，否则取0
股价同步性	syn	参考Jin和Myers（2006）的方法计算的股价同步性
资产负债率	lev	期末负债总额/期末资产总计
上市年限	age	成为上市公司的年限取对数
收入增长率	grow	(本年营业收入－上年营业收入)/上年营业收入
行业信心	tqmed	年末同行业所有公司Tobinq的中位数
年换手率	turnover	流通股年换手率
年波动率	volat	股票当年日收益率的标准差

3.4 实证结果与分析

3.4.1 描述性统计

各变量的描述性统计结果见表3-2的Panel A，对应各变量分别报告了均值、标准差、最小值、中位数、最大值统计量。结果显示，在样本期内，公司违法违规（fraud）的平均值约为0.137，说明在样本中约有

13.7%的公司年度样本存在违法违规行为。此外，利用配对样本，我们对变量 fraud 和 freq 进行了配对样本均值差异 T 检验，结果见表 3-2 的 Panel B，从中可以看到交叉上市公司的违法违规倾向和违法违规次数均显著低于非交叉上市公司，这与预期结果一致。

表 3-2　各变量的描述性统计分析

Panel A：描述性统计	均值 （1）	标准差 （2）	最小值 （3）	中位数 （4）	最大值 （5）
fraud	0.137	0.344	0.000	0.000	1.000
freq	0.203	0.626	0.000	0.000	8.000
audit	0.311	0.463	0.000	0.000	1.000
inssh	0.262	0.266	0.000	0.154	0.843
analyst	11.583	11.775	0.000	8.000	38.000
size	23.478	1.885	18.950	23.308	26.709
ret	0.275	0.797	−0.714	0.025	3.413
excuh	0.009	0.049	0.000	0.000	0.586
state	0.763	0.425	0.000	1.000	1.000
indr	0.372	0.058	0.250	0.357	0.571
bdsize	2.357	0.206	1.792	2.303	2.773
meeting	2.337	0.355	1.386	2.303	3.178
owncon	0.208	0.138	0.014	0.182	0.566
plu	0.121	0.326	0.000	0.000	1.000
syn	−0.116	0.972	−3.269	−0.023	1.514
lev	0.573	0.221	0.049	0.585	1.359
age	2.545	0.549	1.099	2.708	3.219
grow	0.335	1.252	−0.866	0.066	12.036
tqmed	2.046	0.729	1.161	1.799	4.842
turnover	1.292	1.079	0.110	0.965	6.040
volat	0.029	0.010	0.013	0.027	0.063
N	3 186	3 186	3 186	3 186	3 186

Panel B：均值差异 T 检验		
	均值之差（交叉-非交叉）	T 检验值
fraud	−0.055	4.485***
freq	−0.108	4.874***

注：*、**、*** 分别表示在10%、5%和1%的水平上显著。下文相同符号意义相同。

3.4.2 假设检验

交叉上市对公司违法违规行为影响的实证结果见表3-3，其中被解释变量是公司违法违规（fraud）和违法违规次数（freq），主要解释变量包括交叉上市（cross）、A+B股交叉上市（AB）和A+H股交叉上市（AH）。本书在回归中控制了可能影响上市公司违法违规行为的一系列因素以及年份、行业固定效应。

表3-3第（1）、（2）两列的实证结果表明，在控制了一系列可能影响上市公司违法违规行为的因素后，交叉上市（cross）在1%的显著性水平上与公司违法违规（fraud）、违法违规次数（freq）负相关，说明交叉上市公司发生违法违规行为的概率和次数均显著低于纯A股公司，可见交叉上市的"绑定效应"对公司违法违规行为起到了约束作用，支持了本书的假设3-1。表3-3的第（3）、（4）两列检验了不同的交叉类型对公司违法违规行为的影响，从中可以看到，无论因变量是公司违法违规（fraud）还是违法违规次数（freq），AH的系数均在1%的水平上显著为负，而AB的系数虽然为负，但仅分别在5%和10%的水平上显著，说明相对于A+B股公司而言，交叉上市对A+H股公司违法违规行为的抑制作用更加明显，支持了本书的假设3-2。以上实证结论与交叉上市的"绑定假说"相符，即由于面临更加严格的法律法规、投资者和分析师等中介力量的约束，交叉上市公司的违法违规行为比纯A股公司要少；由于A+B股公司所受法律和市场约束比A+H股公司弱，交叉上市对违法违规行为的治理作用在A+H股交叉上市企业中更加明显。

表3-3　交叉上市对公司违法违规行为影响的实证结果

变量	（1）	（2）	（3）	（4）
	Logit	Poisson	Logit	Poisson
	fraud	freq	fraud	freq
cross	−0.393***	−0.330***	−0.193**	−0.191**
	（−3.115）	（−3.451）	（−2.272）	（−2.092）
AB			−0.331**	−0.212*
			（−2.200）	（−1.863）
AH			−0.492***	−0.526***
			（−2.692）	（−3.635）

表3-3(续)

变量	（1）Logit fraud	（2）Poisson freq	（3）Logit fraud	（4）Poisson freq
audit	−0.278 (−1.613)	−0.233* (−1.772)	−0.261 (−1.509)	−0.194 (−1.474)
inssh	−0.428 (−1.613)	−0.534*** (−2.591)	−0.437* (−1.645)	−0.546*** (−2.654)
analyst	−0.018** (−2.454)	−0.027*** (−4.784)	−0.017** (−2.421)	−0.026*** (−4.717)
size	−0.059 (−1.088)	0.022 (0.559)	−0.055 (−1.000)	0.030 (0.767)
ret	−0.179 (−1.464)	−0.159* (−1.699)	−0.178 (−1.457)	−0.159* (−1.698)
excuh	0.019 (0.018)	−0.909 (−1.170)	−0.007 (−0.007)	−0.932 (−1.204)
state	−0.103 (−0.763)	0.048 (0.480)	−0.101 (−0.746)	0.052 (0.524)
indr	−1.104 (−1.006)	−2.564*** (−2.997)	−1.065 (−0.969)	−2.544*** (−2.969)
bdsize	0.205 (0.609)	−0.465* (−1.856)	0.223 (0.660)	−0.446* (−1.778)
meeting	0.361** (2.209)	0.270** (2.252)	0.373** (2.268)	0.290** (2.391)
owncon	−2.404*** (−4.544)	−3.026*** (−7.327)	−2.324*** (−4.324)	−2.863*** (−6.831)
plu	0.322** (2.053)	0.310*** (2.834)	0.321** (2.047)	0.306*** (2.790)
syn	−0.148** (−2.091)	−0.105** (−2.043)	−0.146** (−2.062)	−0.100* (−1.952)
lev	1.060*** (3.792)	1.140*** (5.802)	1.067*** (3.814)	1.155*** (5.865)
age	−0.068 (−0.563)	−0.467*** (−5.613)	−0.097 (−0.765)	−0.514*** (−5.922)

表3-3（续）

变量	（1）	（2）	（3）	（4）
	Logit	Poisson	Logit	Poisson
	fraud	freq	fraud	freq
grow	−0.049	−0.045	−0.049	−0.044
	（−1.128）	（−1.354）	（−1.119）	（−1.322）
tqmed	−0.172	−0.268***	−0.167	−0.255***
	（−1.602）	（−3.424）	（−1.557）	（−3.263）
turnover	−0.052	−0.017	−0.047	−0.010
	（−0.706）	（−0.339）	（−0.637）	（−0.191）
volat	36.206***	33.883***	35.596***	32.900***
	（3.006）	（3.895）	（2.947）	（3.760）
constant	−2.269	−0.122	−2.404	−0.350
	（−1.432）	（−0.104）	（−1.508）	（−0.297）
year FE	Yes	Yes	Yes	Yes
industry FE	Yes	Yes	Yes	Yes
L-likelihood	−1 155.689	−1 647.325	−1 155.400	−1 645.574
Wald chi^2	236.01	455.93	236.59	459.43
R^2	0.09	0.12	0.09	0.12
observations	3 186	3 186	3 186	3 186

注：括号中为估计参数的 z 统计量。Wald 检验模型整体拟合情况，Wald chi^2 服从卡方分布，根据该值与自由度计算出 P 值。后同，不再一一注明。

此外，从表3-3还可以看到，分析师跟踪数量（analyst）系数为负，说明市场中的分析师能够起到监督作用，约束公司的违法违规行为；董事会会议次数（meeting）系数为正，说明越多的董事会会议次数并不表示董事会越积极和有效，增加的会议次数很可能是在公司经营遇到问题后，为讨论和解决问题而被迫增加的会议频率（蔡志岳、吴世农，2007）；股权集中度（owncon）的系数为负，说明集中的股权结构有助于降低公司的违法违规倾向，这与陈国进等（2005）的发现一致；两职合一（plu）系数为正，说明当 CEO 与董事长二职合一时，董事会不能有效地监督管理层和经理人，使企业的内控系统失效（Jensen，1993），这会使得公司的违法违规概率增大；股价同步性（syn）的系数为负，原因可能是当股价同步性较高时，公司的信息透明度较低（Morck et al.，2000），因此被稽查出的违法违规行为反而较少；负债率（lev）系数为正，说明负债越多的公司所承受的压力越大，越容易引发违法违规行为；年波动率（volat）系数为正，原因可能是公司波动越大，受关注程度也越高，被稽查出的违法违规行为也越多。

3.4.3 影响机制分析

如前所述，交叉上市主要通过法律约束和市场约束来影响上市公司的违法违规行为，因此，本书分别从法律约束和市场约束两个方面出发，探讨交叉上市对公司违法违规行为的治理效应。

3.4.3.1 法律约束机制

交叉上市的法律约束是指发达市场具有更加健全的投资者保护制度，对公司治理、信息披露等方面的规范要求更高，且一旦出现违法违规行为，发达市场的监管机构能够更及时地对企业提起法律诉讼或实施法律制裁（Coffee，1999）。因此，交叉上市的法律约束能够对交叉上市公司的财务报告及股票交易行为进行更严格的监督管理，并有效限制公司内部人攫取私利的行为。因此，本书推测内地上市公司所在地的法律环境在交叉上市影响违法违规行为的过程中具有调节作用。当公司所在地的法律环境较差、投资者保护水平较低时，外部投资者无法通过法律武器保护自身合法权益，对公司违法违规行为的约束和惩罚力度都较小，因此公司违法违规的现象可能就比较严重，治理违法违规行为的空间较大，此时交叉上市对公司违法违规行为的法律约束作用会更加明显。相比之下，若公司所在地区具有相对健全的法律环境时，外部投资者的合法权益可以依靠健全的法律法规获得较为完善的法律保护，管理层和大股东本身就能受到很好的制约，那么此时交叉上市的法律约束作为一种替代的外部制约机制，发挥作用的空间就会减小。基于此，本书做出如下推断：

推断 3-1：交叉上市对公司违法违规行为的治理作用受法律环境的影响，在法律环境较差的公司中，交叉上市对其违法违规行为的治理作用更加明显。

参照以往的研究（黄继承 等，2014；姜付秀 等，2015），本书使用樊纲等（2011、2017）编制的市场化相对进程指数中的分指数"市场中介组织发育和法律制度环境"作为公司所处地区法律环境的代理变量。同时，由于该指数仅更新至 2016 年，因此，参考姜付秀等（2015）用 2009 年指数替代后续年份数据的做法，本书使用 2016 年的数值代替 2017 年的法律环境指数。

表 3-4 报告了推断 3-1 的检验结果，即根据公司法律环境进行分组回归的结果。其中第（1）、（2）两列是法律环境较好组，第（3）、（4）两列是法律环境较差组。从表 3-4 可以看到，在法律环境较差组中，交叉上市（cross）对 fraud 和 freq 的系数均在 5% 的水平上显著为负，而在法律环境较好组中，cross 的系数虽然为负，但都不显著。以上结果表明，在法律环境较差的公司中，由于所在地的法律法规不够健全，交叉上市对其违法违规行为的治理作用更加明显，证明了交叉上市的确能够通过法律约束这一途径来抑制上市公司的违法违规行为，支持了本书的推断 3-1。

表 3-4 交叉上市与公司违法违规行为——法律环境的影响

变量	（1）	（2）	（3）	（4）
	法律环境较好组		法律环境较差组	
	fraud	freq	fraud	freq
cross	−0.101	−0.226	−0.431**	−0.293**
	(−0.511)	(−1.469)	(−2.351)	(−2.227)
audit	−0.339	−0.202	−0.060	−0.173
	(−1.364)	(−1.044)	(−0.240)	(−0.969)
inssh	−0.413	−0.353	−0.287	−0.561**
	(−1.057)	(−1.154)	(−0.771)	(−2.009)
analyst	−0.007	−0.027***	−0.021**	−0.023***
	(−0.655)	(−2.894)	(−2.221)	(−3.260)
size	0.043	0.147**	−0.145*	−0.053
	(0.518)	(2.329)	(−1.871)	(−1.020)
ret	−0.073	−0.216	−0.222	−0.090
	(−0.399)	(−1.540)	(−1.282)	(−0.698)
excuh	−2.990	−1.695	2.142	−0.115
	(−1.642)	(−1.423)	(1.497)	(−0.111)
state	−0.341*	−0.191	0.025	0.158
	(−1.730)	(−1.294)	(0.125)	(1.092)
indr	−4.700**	−4.759***	0.352	−1.244
	(−2.419)	(−3.127)	(0.255)	(−1.194)

表3-4(续)

变量	（1）	（2）	（3）	（4）
	法律环境较好组		法律环境较差组	
	fraud	freq	fraud	freq
bdsize	−1.680***	−1.525***	1.260***	0.211
	（−3.046）	（−3.582）	（2.786）	（0.653）
meeting	0.510**	0.491**	0.267	0.187
	（1.984）	（2.563）	（1.221）	（1.195）
owncon	−3.964***	−4.570***	−1.611**	−2.108***
	（−4.647）	（−6.625）	（−2.271）	（−3.963）
plu	0.255	0.444***	0.246	0.094
	（1.112）	（2.736）	（1.075）	（0.589）
syn	−0.042	−0.037	−0.232**	−0.158**
	（−0.400）	（−0.462）	（−2.352）	（−2.300）
lev	0.207	0.220	1.730***	1.805***
	（0.478）	（0.646）	（4.395）	（7.234）
age	−0.168	−0.332**	−0.087	−0.662***
	（−0.889）	（−2.458）	（−0.507）	（−5.919）
grow	−0.071	−0.044	−0.035	−0.049
	（−0.943）	（−0.773）	（−0.636）	（−1.155）
tqmed	−0.612***	−0.547***	0.050	−0.146
	（−3.511）	（−4.185）	（0.356）	（−1.473）
turnover	−0.065	−0.007	−0.064	−0.019
	（−0.622）	（−0.094）	（−0.587）	（−0.248）
volat	54.778***	54.318***	22.873	18.220
	（3.106）	（4.101）	（1.331）	（1.492）
constant	2.001	0.003	−3.736*	−0.122
	（0.771）	（0.002）	（−1.767）	（−0.083）
year FE	Yes	Yes	Yes	Yes
industry FE	Yes	Yes	Yes	Yes
L−likelihood	−506.035	−677.633	−615.078	−925.025
Wald chi^2	152.51	261.94	133.10	245.31
R^2	0.13	0.16	0.10	0.12
observations	1 660	1 660	1 523	1 523

3.4.3.2 市场约束机制

交叉上市的市场约束途径之一是通过引入更成熟的投资者、更多的分析师等，从而提高公司的信息透明度（Lang et al., 2003），提高其违法违规行为被发现的概率。朗等（Lang et al., 2004）利用 27 个国家的 2 500 多家公司的样本数据验证了交叉上市后，增长的分析师跟踪人数提高了公司透明度，限制了内部人攫取私利的行为，进而提高了公司价值。因此，本书推测公司的外部信息环境在影响公司违法违规行为的过程中具有调节作用。当公司本身信息环境较差、信息透明度较低时，外界缺少了解公司情况的途径，投资者信息缺口大，公司违法违规行为发生后被发现的可能性较低，因此公司违法违规的现象可能就比较严重，治理违法违规行为的空间较大，此时交叉上市对公司违法违规行为的约束作用会更加明显。相比之下，若公司原本信息就很透明，管理层和大股东本身就能受到很好的制约，那么此时交叉上市作为一种替代的外部制约机制，发挥作用的空间就会减小。基于此，本书做出如下推断：

推断 3-2： 交叉上市对公司违法违规行为的治理作用受信息环境的影响，在信息环境较差的公司中，交叉上市对其违法违规行为的治理作用更加明显。

参照以往的研究（孟庆斌 等，2019），本书使用股价同步性（syn）作为信息环境的代理变量。当信息环境较差、获取信息成本较高时，搜寻公司层面信息所获得的收益不足以弥补为之付出的成本，这时投资者更多地利用市场层面的信息做决策，因此股价表现出同涨同跌现象（高同步性），股价信息含量较低（Morck et al., 2000；朱红军 等，2007）。

表 3-5 报告了推断 3-2 的检验结果，即根据公司信息环境进行分组回归的结果。本书使用金和迈尔斯（Jin & Myers, 2006）的方法计算股价同步性（syn），syn 的值越大表示股价同步性越高，股价特质信息越低，信息不对称程度越高（Morck et al., 2000；朱红军 等，2007）。具体而言，根据股价同步性（syn）的年度行业平均值将样本分为两组，股价同步性（syn）低于平均值代表信息环境较好的样本组，反之则代表信息环境较差的样本组。从表 3-5 可以看到，在股价同步性较高，即信息环境较差的组中，cross 对 fraud 和 freq 的系数均在 1% 的水平上显著为负，而在股价同步性较低，即信息环境较好的组中，cross 的回归系数不显著。以上结果表明，在信息环境较差的公司中，交叉上市对其违法违规行为的治理作用更加明显，证明了交叉上市的确能够通过市场约束渠道来提升来公司的信息透明度，从而抑制上市公司的违法违规行为，支持了本书的推断 3-2。

表 3-5　交叉上市与公司违法违规行为——信息环境的影响

变量	（1）	（2）	（3）	（4）
	股价同步性较高组		股价同步性较低组	
	fraud	freq	fraud	freq
cross	−0.595***	−0.672***	−0.196	−0.103
	（−3.142）	（−4.328）	（−1.100）	（−0.810）
audit	−0.048	0.059	−0.508**	−0.496***
	（−0.197）	（0.306）	（−2.043）	（−2.690）
inssh	0.312	0.081	−1.043***	−0.942***
	（0.821）	（0.268）	（−2.719）	（−3.321）
analyst	−0.037***	−0.044***	−0.003	−0.015*
	（−3.431）	（−5.089）	（−0.276）	（−1.957）
size	−0.056	0.051	−0.030	0.037
	（−0.617）	（0.717）	（−0.423）	（0.744）
ret	−0.256	−0.213	−0.195	−0.247**
	（−1.230）	（−1.308）	（−1.214）	（−2.083）
excuh	1.367	0.096	−0.562	−1.175
	（0.793）	（0.073）	（−0.410）	（−1.205）
state	−0.061	0.158	−0.113	−0.026
	（−0.298）	（0.994）	（−0.605）	（−0.201）
indr	−0.532	−2.960**	−1.905	−2.268**
	（−0.329）	（−2.208）	（−1.206）	（−1.989）
bdsize	1.306***	−0.080	−0.824*	−0.783**
	（2.655）	（−0.209）	（−1.724）	（−2.336）
meeting	0.199	0.197	0.517**	0.338**
	（0.844）	（1.087）	（2.181）	（2.025）
owncon	−1.676**	−2.801***	−2.910***	−3.022***
	（−2.164）	（−4.505）	（−3.878）	（−5.409）
plu	0.417*	0.399**	0.203	0.169
	（1.785）	（2.392）	（0.940）	（1.154）
syn	−0.016	0.066	0.047	0.074
	（−0.086）	（0.479）	（0.405）	（0.926）
lev	0.860*	0.872**	1.140***	1.202***
	（1.791）	（2.321）	（3.222）	（5.123）

表3-5(续)

变量	（1）	（2）	（3）	（4）
	股价同步性较高组		股价同步性较低组	
	fraud	freq	fraud	freq
age	−0.031	−0.497***	−0.088	−0.416***
	(−0.171)	(−3.957)	(−0.512)	(−3.654)
grow	−0.116	−0.274***	−0.028	−0.002
	(−1.186)	(−2.616)	(−0.586)	(−0.064)
tqmed	−0.078	−0.310**	−0.190	−0.143
	(−0.452)	(−2.346)	(−1.304)	(−1.421)
turnover	0.102	0.120	−0.099	−0.029
	(0.784)	(1.224)	(−1.098)	(−0.483)
volat	48.924**	43.426***	35.155**	34.080***
	(2.326)	(2.675)	(2.301)	(3.164)
constant	−5.383**	−1.361	−0.217	−0.087
	(−2.200)	(−0.715)	(−0.098)	(−0.056)
year FE	Yes	Yes	Yes	Yes
industry FE	Yes	Yes	Yes	Yes
L-likelihood	−549.764	−749.844	−585.282	−862.792
Wald chi^2	113.73	227.01	140.96	260.09
R^2	0.09	0.13	0.11	0.13
observations	1 743	1 743	1 443	1 443

3.4.4 交叉上市对不同类别违法违规行为的影响

遵循中国证监会及沪、深交易所的相关规定，违法违规行为是指公司违反国家或相关监管部门的法律法规的行为。为更全面地分析交叉上市对公司违法违规行为的影响，本书将探究交叉上市对不同类型公司违法违规行为的作用。参照中国证监会对公司违法违规行为的分类，本书将公司违法违规行为分为信息披露违法违规行为、经营违法违规行为、领导人违法违规行为三类。如果公司发生信息披露违法违规行为则 $F1$ 取值为 1，否则为 0；若公司发生经营违法违规行为则 $F2$ 取值为 1，否则为 0；如果公司发生领导人违法违规行为则 $F3$ 取值为 1，否则为 0。交叉上市对不同类型公司违法违规行为的影响见表3-6。从表3-6可以看到，交叉上市与三类违法违规行为均显著负相关，仅在显著性水平上有所不同。这说明交叉上市对不同类型的违法违规行为均具有治理作用，进一步验证了交叉上市的"绑定假说"与本书结论的可靠性。

表 3-6 交叉上市对不同类型违法违规行为的影响

变量	（1）Logit F1	（2）Logit F2	（3）Logit F3
cross	−0.530*** （−2.600）	−0.393** （−2.015）	−0.708** （−2.497）
audit	−0.261 （−0.903）	−0.196 （−0.783）	−0.203 （−0.557）
inssh	−0.851** （−2.041）	−0.177 （−0.457）	0.333 （0.730）
analyst	−0.033*** （−3.171）	−0.024** （−2.519）	−0.005 （−0.413）
size	−0.129 （−1.626）	0.003 （0.039）	0.076 （0.625）
ret	−0.338** （−2.464）	−0.002 （−0.017）	−0.090 （−0.448）
excuh	0.842 （0.602）	0.317 （0.215）	−2.218 （−1.215）
state	0.382* （1.778）	0.002 （0.009）	−0.933*** （−3.404）
indr	−0.298 （−0.201）	−0.252 （−0.174）	−2.766 （−1.407）
bdsize	0.097 （0.175）	0.333 （0.661）	−0.421 （−0.532）
meeting	0.219 （1.019）	0.380* （1.808）	0.017 （0.053）
owncon	−1.464** （−2.069）	−3.007*** （−4.138）	−0.754 （−0.743）

表3-6(续)

变量	(1) Logit *F*1	(2) Logit *F*2	(3) Logit *F*3
plu	0.196	0.034	0.175
	(0.953)	(0.145)	(0.569)
syn	−0.169**	−0.067	−0.150
	(−2.056)	(−0.800)	(−1.221)
lev	1.348***	1.008**	−0.339
	(3.227)	(2.153)	(−0.594)
age	−0.099	−0.084	−0.270
	(−0.533)	(−0.489)	(−1.339)
grow	0.049	−0.030	0.000
	(1.084)	(−0.599)	(0.006)
tqmed	0.067	−0.194	−0.013
	(0.462)	(−1.295)	(−0.072)
turnover	0.018	−0.061	−0.021
	(0.194)	(−0.684)	(−0.183)
volat	28.475*	33.883**	59.492***
	(1.848)	(2.344)	(2.780)
constant	−1.671	−4.202*	−2.690
	(−0.709)	(−1.845)	(−0.855)
year FE	Yes	Yes	Yes
industry FE	Yes	Yes	Yes
L−likelihood	−940.131	−996.707	−430.963
Wald chi^2	173.56	98.69	109.85
R^2	0.12	0.08	0.09
observations	3 186	3 186	3 186

3.5 内生性与稳健性检验

3.5.1 内生性分析——DID 模型

上文虽然利用配对样本证明了交叉上市对公司违法违规行为的治理作用，但以上结果仍然可能受到选择性偏差的影响，即交叉上市的企业本身财务质量相对较好，这些企业在后期出现违法违规行为的可能性本身就不大。为此，本书进一步使用双重差分模型（difference in difference，DID）排除内生性的干扰。我们选取在样本期间内从 A 股转变为 A+H 股的 22 只股票作为处理组，并使用 PSM 方法从纯 A 股样本中，根据转换当年的公司规模、产权性质和行业为每一个处理组样本配对与之最为接近的对照组公司，形成 44 只股票共 442 个观测值的子样本。需要说明的是，之所以没有选取从 A 股转变为 A+B 股的样本，是因为中国内地上市公司设立 B 股的年份较早，在本书的样本区间内没有从 A 股转为 A+B 股的公司。DID 模型如式（3-3）所示：

$$Y_{i,t} = \alpha + \beta_1 \text{treat}_{i,t} + \beta_2 \text{post}_{i,t} + \beta_3 \text{treat} * \text{post}_{i,t} + \text{control}_{i,t} + \varphi_i + \delta_t + \varepsilon_{it} \quad (3-3)$$

其中，treat 是处理组哑变量，当公司为 22 只转为 A+H 股交叉上市的股票之一时，取值为 1，否则为 0；post 是时间哑变量，以上市公司转为 A+H 股交叉上市当年为分界，转换当年及以后取值为 1，否则为 0；而交叉项 treat×post 反映的是赴港交叉上市的公司在交叉上市前后发生违法违规行为的概率和违法违规次数的变化与对照组公司变化的差异，也是本书关注的核心变量。DID 模型的回归结果见表 3-7，从中可以看到相对于配对公司，纯 A 股公司转为 A+H 股交叉上市后，发生违法违规行为的概率和违法违规次数均显著下降。上述结果与本书的结论一致，即交叉上市能够发挥绑定效应，从而约束上市公司的违法违规行为。

表 3-7　交叉上市与公司违法违规行为——DID 模型

变量	（1）	（2）
	Logit	Poisson
	fraud	freq
treat	−1.577 *	−1.616 ***
	（−1.897）	（−2.576）
post	−1.117 *	−1.797 ***
	（−1.946）	（−4.324）
treat×post	−1.190 *	−1.358 ***
	（1.731）	（2.665）
audit	−0.899 *	−0.465
	（−1.745）	（−1.288）
inssh	−2.541 **	−1.731 *
	（−1.983）	（−1.683）
analyst	−0.041	−0.040 **
	（−1.556）	（−2.219）
size	0.313	0.228
	（1.100）	（1.041）
ret	−0.258	−0.148
	（−0.465）	（−0.313）
excuh	−83.757	−72.813 **
	（−1.640）	（−2.103）
state	−0.780	−0.612
	（−1.479）	（−1.538）
indr	−2.532	−5.587
	（−0.463）	（−1.282）
bdsize	−0.344	−0.429
	（−0.275）	（−0.436）
meeting	1.278 **	0.887 *
	（1.982）	（1.797）
owncon	−9.977 ***	−8.386 ***
	（−3.594）	（−4.154）
plu	1.053	1.474 ***
	（1.562）	（3.545）

表3-7(续)

变量	（1）	（2）
	Logit	Poisson
	fraud	freq
syn	−0.243	0.022
	（−0.886）	（0.089）
lev	−4.180**	−3.706**
	（−2.353）	（−2.525）
age	−0.381	−0.173
	（−0.850）	（−0.469）
grow	0.959**	0.464
	（2.391）	（1.092）
tqmed	−0.576	−0.737**
	（−1.232）	（−2.082）
turnover	−0.550	−0.460*
	（−1.539）	（−1.940）
volat	100.870**	107.900***
	（2.292）	（3.092）
constant	−2.269	−0.122
	（−1.432）	（−0.104）
year FE	Yes	Yes
industry FE	Yes	Yes
L−likelihood	−99.49	−139.24
Wald chi^2	91.89	145.08
R^2	0.32	0.34
observations	442	442

3.5.2 稳健性检验

为了增强实证结果的稳健性，我们做了如下检验：第一，为降低变量之间的逆因果关系，对模型中的所有自变量和控制变量采用滞后一期，然后重新进行相关检验，结果见表3-8的第（1）、（2）两列。第二，上文采用了1∶1的配对样本方法，在稳健性检验中进一步考察1配3的情形，结果见表3-8的第（3）、（4）两列。第三，本书的研究结论是交叉上市有助于约束公司的违法违规行为，然而除交叉上市以外，我国上市公司还可以通过 QFII、"沪港通"和"深港通"等制度吸引外资，而这些境外资本可能同样具有一定的治理作用。为进一步排除这些外资渠道的影响，我们从样本中剔除有 QFII 持股的公司，并将样本区间改为 2007—2013 年，从而剔除 2014 年后开启的"沪港通"和"深港通"的影响，然后重新进行相关检验，结果见表 3-8 的第（5）、（6）两列。从表 3-8 可以看到，上述稳健性检验的结果与前文的结论一致，证明本书的结论是可靠的。

表 3-8　稳健性检验

变量	（1）Logit fraud	（2）Poisson freq	（3）Logit fraud	（4）Poisson freq	（5）Logit fraud	（6）Poisson freq
cross	−0.880*** (−3.840)	−0.832*** (−4.899)	−0.227** (−2.197)	−0.141* (−1.769)	−0.344* (−1.899)	−0.316** (−2.287)
audit	−0.358 (−1.527)	−0.212 (−1.178)	−0.309** (−2.205)	−0.251** (−2.281)	−0.603** (−2.201)	−0.508** (−2.351)
inssh	−1.102*** (−2.668)	−1.446*** (−4.093)	−0.178 (−0.913)	−0.265* (−1.727)	−0.344 (−0.892)	−0.507 (−1.626)
analyst	−0.006 (−0.598)	−0.013 (−1.618)	−0.017*** (−3.441)	−0.023*** (−5.616)	−0.022** (−2.140)	−0.027*** (−3.285)
size	−0.361*** (−3.888)	−0.300*** (−4.571)	−0.087** (−2.158)	−0.023 (−0.788)	−0.094 (−1.232)	−0.026 (−0.453)
ret	−0.201 (−1.006)	−0.047 (−0.314)	−0.193** (−2.171)	−0.159** (−2.316)	−0.199 (−1.175)	−0.239* (−1.752)
excuh	−8.660 (−0.985)	−5.586 (−1.036)	−0.484 (−0.712)	−0.718 (−1.441)	3.889** (2.475)	0.986 (1.096)
state	−0.654*** (−2.743)	−0.573*** (−3.265)	−0.320*** (−3.392)	−0.140* (−1.956)	0.125 (0.632)	0.214 (1.439)
indr	−2.418 (−1.443)	−2.191* (−1.687)	−0.722 (−0.911)	−1.664*** (−2.633)	1.204 (0.833)	−0.489 (−0.436)
bdsize	0.042 (0.083)	0.555 (1.464)	0.534** (2.329)	0.134 (0.759)	1.227*** (2.604)	0.557 (1.555)
meeting	0.150 (0.593)	0.264 (1.382)	0.272** (2.385)	0.315*** (3.652)	0.340 (1.443)	0.272 (1.547)
owncon	−0.980 (−1.200)	−1.609** (−2.563)	−1.631*** (−4.503)	−2.081*** (−7.244)	−1.434** (−2.029)	−2.051*** (−3.699)

表3-8(续)

变量	(1) Logit fraud	(2) Poisson freq	(3) Logit fraud	(4) Poisson freq	(5) Logit fraud	(6) Poisson freq
plu	0.269 (1.020)	0.346* (1.891)	0.221* (1.955)	0.224*** (2.726)	0.399* (1.746)	0.526*** (3.365)
syn	−0.095 (−0.819)	−0.063 (−0.743)	−0.143*** (−2.791)	−0.122*** (−3.181)	−0.166 (−1.526)	−0.125 (−1.560)
lev	1.141** (2.221)	1.079*** (2.889)	1.441*** (7.146)	1.318*** (9.693)	0.984*** (2.667)	0.970*** (3.648)
age	−0.080 (−0.348)	−0.083 (−0.477)	−0.181** (−2.178)	−0.415*** (−6.878)	−0.027 (−0.154)	−0.366*** (−2.950)
grow	0.091 (1.284)	0.026 (0.473)	0.001 (0.041)	−0.003 (−0.169)	0.023 (0.438)	0.006 (0.135)
tqmed	0.297 (1.631)	0.246* (1.781)	−0.025 (−0.333)	−0.080 (−1.447)	−0.151 (−0.681)	−0.182 (−1.071)
turnover	−0.204 (−1.519)	−0.200** (−2.031)	0.035 (0.697)	0.047 (1.345)	−0.087 (−0.747)	−0.062 (−0.731)
volat	26.725 (1.260)	27.373* (1.677)	24.677*** (2.747)	22.076*** (3.367)	37.067** (2.214)	37.931*** (3.168)
constant	−2.269 (−1.432)	−0.122 (−0.104)	−2.404 (−1.508)	−0.350 (−0.297)	−4.189* (−1.952)	−2.031 (−1.263)
year FE	Yes	Yes	Yes	Yes	Yes	Yes
industry FE	Yes	Yes	Yes	Yes	Yes	Yes
L-likelihood	−504.758	−705.242	−1 155.400	−1 645.574	−593.005	−816.093
Wald chi^2	141.42	224.89	374.28	642.46	122.62	207.05
R^2	0.12	0.14	0.07	0.09	0.09	0.11
observations	1 655	1 655	6 354	6 354	1 583	1 583

3.6　本章小结

本章基于绑定理论,以2007—2017年交叉上市公司为样本,实证检验了交叉上市对公司违法违规行为的治理作用。结果表明,与仅在A股上市的公司相比，交叉上市公司违法违规的概率更低，违法违规次数更少，该结论在使用双重差分模型控制内生性后仍然成立；相较于 A+B 股公司而言，交叉上市对公司违法违规行为的抑制作用在 A+H 股公司中更加明显；交叉上市通过法律约束和市场约束来抑制上市公司的违法违规行为，具体而言，在法律环境和信息环境较差的公司中，交叉上市对违法违规行为的抑制作用更加明显。上述结论验证了交叉上市的"绑定假说"：交叉上市能使企业处于更严格的法律监管和市场监督中，增加内部人牟取私利的成本，从而缓解代理问题，提高公司治理水平。而本书以公司违法违规行为作为切入点，揭示了交叉上市这一开放举措的公司治理效应。从本书的结论可以得到以下两点启示：第一，交叉上市能够优化企业的外部治理环境，对完善公司治理机制具有积极意义，因此我国政府应支持、鼓励 A 股公司的交叉上市行为；第二，交叉上市企业需接受来自法律和市场的双重约束，因此公司的交叉上市行为具有一定的信号作用。为提高投资的流动性和安全性，投资者可以更多地关注交叉上市企业的股票。

4 QFII 持股与公司违法违规行为

4.1 引言

2018 年 6 月，A 股 234 只股票被正式纳入 MSCI 指数，此举体现了国际投资者对我国经济发展前景与金融市场稳定性的信心，也是我国不断有序开放金融市场，顺应国际投资者需求的结果。高速的经济发展离不开证券市场的有力支持，在新的经济环境下，如何创造一个规范、透明、开放的资本市场环境，维护投资者的合法权益，提升金融市场对实体经济的服务作用，已成为当前发展最重要的课题之一。QFII 持股、"沪港通"、"深港通"，包括科创板在 2019 年 6 月有序推出，说明我国正处于不断开放资本市场、深化金融领域供给侧结构性改革的关键阶段。因此，相关政策实施效果的理论和实证证据，对当前的改革实践具有重大的现实意义。

我国于 2002 年正式引入合格境外机构投资者（QFII）制度，引入的初衷是通过这些成熟专业、具有价值投资理念的机构投资者来提高中国资本市场的稳定性并提高公司治理水平。QFII 政策推出之初，出于审慎原则，我国政府对 QFII 的限制条件较多，QFII 仅能在一定的额度范围和持股比例内投资 A 股。2012 年，证监会发布《合格境外机构投资者证券投资管理办法》，大幅降低 QFII 资格要求，并将 QFII 对单个上市公司 A 股的持股比例总和上限由 20% 提升至 30%。此后，投资额度不断扩大，投资限制逐渐减少，至 2016 年 9 月，证监会原则上取消了对 QFII 资产配置比例的限制。同时，在政府政策的支持下，国家外汇管理局批准的 QFII 额度先后五次上调，从首批 QFII 的 17 亿美元，逐步上调至 100 亿美元、300 亿美元、800亿美元、1 500 亿美元、3 000 亿美元，上调的年份分别是 2005 年、2007

年、2012年、2013年、2019年。而在2019年9月10日，国家外汇管理局决定取消合格境外机构投资者（QFII）以及人民币合格境外机构投资者（RQFII）的投资额度限制。QFII投资的开户数也在不断增长，增长情况如图4-1所示。

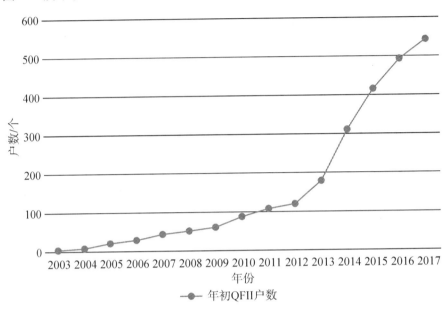

图4-1　QFII户数增长情况

迅猛发展的QFII对中国内地资本市场和公司治理带来了什么影响、对中国内地投资理念带来了哪些转变、是否实现了引入QFII的政策初衷，成为学界、业界和政策制定者们共同关注的热点问题。在此背景下，学者们围绕引入QFII的经济后果展开了大量研究，发现QFII持股能够缓解融资约束（邓川、孙金金，2014）、提高会计稳健性（林雨晨 等，2015）、降低股价同步性（饶育蕾 等，2013）等，但到目前为止，鲜有研究关注QFII持股对公司违法违规行为的影响。

QFII作为重要的机构投资者和境外投资者，其投资与交易行为对于稳定证券市场发挥着日益重要的作用。研究表明，在投资者保护较弱的新兴市场中，境外机构投资者才是推动完善公司治理机制的主要力量（Aggarwal et al.，2011）。这是因为相较于中国内地机构投资者，首先，境外机构投资者具有更强的独立性和专业性（Gillan & Starks，2003），更有可能积极地监督并参与到公司治理中（Stulz，1999；Stulz，2005），约束大股东和管理层的自利动机；其次，境外机构投资者具有全球化的交易经验、更强的信息处理能力和更成熟的交易策略（Kim et al.，2016；Bae et al.，2012；Grinblatt & Keloharju，2000），能够更快地将信息反映在股价上，提高市场效率，从而提高公司违法违规行为被披露后股价的下行压力；最后，研究表明，境外投资者的参与导致更多的分析师跟踪和分析报告生成（Bae et al.，2006；Kim & Cheong，2015），降低了信息不对称程度，从而提高公司违法违规行为被发现的概率，缩小了大股东和管理层的机会主义空间。由此可见，QFII 持股有助于提高公司的治理水平，减少公司的违法违规行为。然而，尽管大多数研究证明了 QFII 的公司治理效应，也有少数研究指出由于额度和持股比例的限制，中国的 QFII 缺乏参与公司治理的激励（Tam，2010），遥远的地理距离也使得监督活动和信息获取的成本高昂（Ayers et al.，2011；Chen et al.，2007），因此，它们可能会抛弃其一贯的价值投资理念，甚至具有明显的"羊群效应"（Lu et al.，2009）。因此，QFII 在中国资本市场中到底扮演了什么角色，仍然是一个需要求证的问题。

为此，本章选取中国 A 股上市公司 2003—2017 年的数据，研究 QFII 持股对公司违法违规行为的影响，从而验证 QFII 持股对上市公司的治理作用。研究结果表明：QFII 持股降低了被持股公司违法违规行为发生的概率和次数，对上市公司违法违规行为具有约束和治理的功能。并且，QFII 持股的治理作用在内部治理状况较差以及跟踪分析师人数较少的上市公司中更加明显，这在一定程度上说明 QFII 持股与其他治理机制之间存在替代关系。

QFII 持股与公司违法违规行为之间也会存在内生性问题，这种内生性主要来自 QFII 基金对上市公司的选择，即公司较少违法违规的状况吸引了 QFII 投资，造成反向因果的内生性问题。本书首先通过倾向得分匹配（PSM）方法校正样本选择偏差，其次使用变动值双向回归的方法识别 QFII 持股与公司违法违规行为之间的因果关系方向，证明本书的结论在控制内生性后仍然成立。通过缩小样本范围、改变 QFII 持股测度指标等方法进行稳健性检验之后，本书结论仍然成立。通过进一步的研究，本书发现 QFII 持股对公司违法违规行为的治理作用主要源于其改善了公司的信息环境，而非对公司内部人形成了直接制衡；此外，QFII 持股主要对公司的信息披露违法违规行为具有治理作用，对经营违法违规行为和领导人违法违规行为的影响不明显，但随着监管层对 QFII 持股比例限制的逐步放开，

QFII 对公司违法违规行为的治理作用逐渐增强。

本章可能的边际贡献如下：首先，丰富了公司违法违规行为影响因素的相关文献。现有的研究主要集中于发生违法违规行为的动机、公司特征等方面对违法违规行为的影响，而对 QFII 持股等股票市场开放的相关机制则较少有研究关注。其次，现有文献大多关注机构投资者的同质性（程书强，2006；薄仙慧、吴联生，2009），较少分析其差异性，本书以 QFII 这一特殊的机构投资者为研究对象，丰富了机构投资者的相关文献；同时，QFII 不仅是机构投资者，也是重要的境外投资者，因此本书的研究结论也丰富了股票市场开放后果的相关文献。最后，本书实证检验了境外机构投资者与上市公司违法违规行为之间的关系，并深入探讨了 QFII 持股影响公司违法违规行为的途径和机理，为 QFII 持股的公司治理效应提供了丰富的研究视角。

4.2　理论分析与研究假设

作为机构投资者的一种，QFII 首先具有机构投资者的属性和特点。机构投资者作为一种有效的外部治理机制，可以通过主动或被动的方式，参与到公司治理之中（Gillan & Starks，2003）。主动的方式包括与管理层沟通（Gillan & Starks，2000）、参与股东大会和投票等（Black，1998；Karpoff，2001；Gillan & Starks，2007），即"用手投票"机制。这些积极的监督和干预措施能够有效约束管理层的自由裁量权、完善公司治理机制（Bushee，1998；Hartzell & Starks，2003；程书强，2006）。相较于积极的监督，麦卡赫里等（McCahery et al.，2016）认为更多的机构投资者通过"用脚投票"机制，即不买入或形成"卖出股票威胁"来影响公司股价和资本成本，从而间接影响管理层行为（Gillan & Starks，2003）。研究表明，交易股票本身也是一种有效的公司治理机制（Admati & Pfleiderer，2009；Qian，2011；Helwege et al.，2012）。总的来说，机构投资者的直接和间接监督效应并不互斥，它们可能同时存在（Chen et al.，2018）。

机构投资者是从积极监督公司中获利，还是从信息交易中获利，取决于机构投资者的类型和股东积极主义程度（Ryan & Schneider，2002），不同类型机构投资者的公司治理效应也因其各异的特点和策略而有所不同

（Pound，1988；Burns et al.，2010；Boone & White，2015）。康纳和帕勒普（Khanna & Palepu，2000）利用印度数据发现由于具有较强的独立性和监督能力，境外机构投资者能够积极有效地提高新兴市场上市公司的治理水平和公司价值，而境内机构投资者则无法做到这一点。阿加沃尔等（Aggarwal et al.，2011）也利用 23 个国家的数据分析发现：在资本市场发达的国家，境内机构投资者对公司的监督作用更强，而在投资者保护较弱的新兴市场中，境外机构投资者才是推动完善公司治理机制的主要力量。可见，相较于新兴市场的机构投资者，来自发达资本市场的机构投资者在完善公司治理机制方面具有关键的核心作用，因此在投资者保护较弱的新兴经济体中，公司能够从境外投资者持股中获益更多。

公司会仔细衡量收益和风险来决定是否发生违法违规行为（Becker，1968；Khanna et al.，2015）。为此，本书参考科雷亚（Correia，2009）的"公司违法违规成本与收益分析"模型，假设违法违规收益 $b = EA + AL$，EA 是公司通过违法违规而得到的额外资产，AL 是公司通过违法违规而避免的由公司亏损或投资失败带来的损失。同时，假设违法违规成本 $c = p \times F$，其中 p 为公司违法违规行为被稽查发现的概率，F 是违法违规行为被披露后公司的损失，包括监管机构的处罚金额以及由此带来的股价下跌。相对而言，股价下跌对公司的打击往往更大，因此公司也对其更加关注（熊家财，2015；于传荣 等，2017；顾乃康、周艳利，2017）。

对于稽查概率（p）而言：首先，境外投资者交易会导致更多的分析师和分析报告生成，促使公司披露更多信息，降低信息不对称程度（Bae et al.，2006；Kim & Cheong，2015），从而提高了公司的信息透明度。其次，境外机构投资者通常是富有经验的成熟投资者，他们全球化经验丰富，且拥有先进的沟通分析工具，因此在获取信息方面具有规模优势，也能够更精准地分析公开信息（Kim & Cheong，2015），并从公司披露的信息中评估其违法违规的风险，从而提高了公司违法违规行为被发现的概率（p）。此外，由于 QFII 都是具有良好资质的机构投资者，他们的行为在市场中具有一定的信号作用，能够向其他投资者传递价值相关的信息（Chidambaran & John，2005），从而加快了信息传播的速度。由此可见，境外机构投资者的参与有助于提高上市公司的信息透明度，提高其违法违规行为被发现的概率（p）。

对于违法违规行为被披露后的损失（F）来说，一方面，境外机构投资者拥有较强的信息处理能力和更加成熟的交易策略，能够更及时地将相关信息反映到股价当中（Bae et al., 2012；Grinblatt & Keloharju, 2000；Kim & Cheong, 2015），从而在一定程度上增大违法违规行为被披露后公司股价的下行压力，造成对公司价值的负向冲击，加大对违法违规行为的惩罚（F）力度；另一方面，如前所述，境外机构投资者的交易具有信息外溢效应（Chidambaran & John, 2005），能够对其他投资者产生影响，从而加快公司负面信息的扩散速度。总的来说，境外机构投资者的参与提高了公司的违法违规成本（$c=p×F$）。

此外，由于 QFII 持股有利于提高市场定价效率（饶育蕾 等，2013），降低股价被高估程度，能够有效降低公司通过违法违规行为所获取的额外收入（EA）。同时，QFII 持股能有效地监督公司的盈余管理行为（Chen et al., 2017），减少公司通过会计舞弊掩盖投资失败或业绩不佳所获取的违法违规收益（AL）。因此，"沪港通"也可以在一定程度上减少公司的违法违规收益（b）。

综合上述分析，QFII 持股能够提高违法违规行为被发现的概率及被发现后的损失，从而提高了违法违规行为带来的风险和成本，并在一定程度上降低了由违法违规行为带来的收益，通过对成本与收益的权衡，可能有利于降低公司的违法违规概率。基于此，本书提出如下假设：

假设 4-1：QFII 持股后，公司发生违法违规行为的概率降低，违法违规行为减少。

4.3　研究设计

4.3.1　数据与样本

本书以 2003—2017 年中国 A 股上市公司为样本。依据惯例，剔除了下述样本：①金融类上市公司；②资不抵债公司；③变量缺失样本。为弱化极端值的影响，本书对连续变量按照 1% 的标准进行缩尾处理。本书所用数据来源于国泰安经济金融研究数据库。

4.3.2　模型设定

为了检验假设 4-1，即 QFII 持股对上市公司违法违规行为的影响，本书构造了如下模型：

$$Y_{i,t+1} = \alpha + \beta \text{QFII}_{i,t} + \text{control}_{i,t} + \varphi_i + \delta_t + \varepsilon_{it} \qquad (4-1)$$

在式（4-1）中，被解释变量为上市公司下一年的违法违规状况 $Y_{i,t+1}$，之所以选用变量的滞后一期是为了缓解反向因果的内生性问题。本书分别使用是否违法违规（$\text{fraud}_{i,t+1}$）和违法违规次数（$\text{freq}_{i,t+1}$）来表示 $Y_{i,t+1}$。在具体回归过程中，针对虚拟变量 fraud，使用 Logit 模型；针对计数变量 freq，使用 Poisson 泊松模型。主要解释变量为 QFII 持股（$\text{QFII}_{i,t}$）；control_{it} 是一系列控制变量；此外，φ_i 和 δ_t 分别表示行业和年度固定效应，ε_{it} 是残差项。回归系数 β 反映了核心解释变量"QFII 持股"对公司违法违规行为的影响，是本书主要关注的实证结果。如果 QFII 持股对于上市公司存在治理作用，相对于没有被 QFII 持股的公司，被持股公司在持股后发生违法违规行为的可能性和违法违规次数应当显著下降，即 β 为负。

4.3.3　变量说明

公司违法违规（fraud）和违法违规次数（freq）：本书使用上市公司是否违法违规和违法违规次数来反映上市公司的违法违规状况。在 CSMAR 数据库的违法违规行为处理子库中，违法违规行为数据是按照违法违规行为排列的截面数据，虽然数据中包含了处理文件日期、公告日期的时间变量，但是违法违规行为并不一定发生在被稽查发现的当年，因此本书按照另一字段"违法违规年度"将该数据整理为按公司年度排列的面板数据。若公司 i 在 $t+1$ 年存在违法违规行为，则 $\text{fraud}_{i,t+1}$ 取值为 1，否则为 0。按照某一年份（$t+1$）在某公司所有违法违规行为的"违法违规年度"中出现的次数，定义变量违法违规次数 $\text{freq}_{i,t+1}$。

QFII 持股（QFII）：QFII 为虚拟变量，若公司 i 在 t 年被 QFII 基金持股，则取值为 1，否则为 0。在稳健性检验中，本书也使用了 QFII 持股数量（QFIIhold）和 QFII 持仓市值（QFIIval）等变量来代表 QFII 持股状况。

此外，参考已有的研究（Khanna et al.，2015；陆瑶、李茶，2016），本书控制了其他可能影响公司违法违规的因素，包括审计质量（audit）、境外审计师（iaudit）、非 QFII 机构持股（inssh）、分析师报告（report）、公司规模（size）、股票年收益率（ret）、高管持股比例（excuh）、产权性质（state）、独立董事比例（indr）、董事会规模（bdsize）、董事会会议次数（meeting）、股权集中度（owncon）、两职合一（plu）、股价同步性（syn）、资产负债率（lev）、上市年限（age）、收入增长率（grow）、行业信心（tqmed）、年换手率（turnover）、年波动率（volat）。本书模型中所用到的主要变量及其具体定义如表4-1所示。

表4-1　变量定义

变量名称	变量符号	变量说明
主要变量		
公司违法违规	fraud	虚拟变量，公司存在违法违规行为时取值为1，否则为0
违法违规次数	freq	计数变量，公司的违法违规次数
QFII 持股	QFII	虚拟变量，公司当年有 QFII 持股，则取值为1，否则取0
QFII 持股数量	QFIIhold	公司年末 QFII 持股数量的自然对数
QFII 持仓市值	QFIIval	公司年末 QFII 持仓市值的自然对数
控制变量		
审计质量	audit	虚拟变量，审计师为"国际四大"之一则取1，否则取0
境外审计师	iaudit	虚拟变量，当公司聘请了境外审计师时取1，否则为0
非QFII机构持股	inssh	年末除 QFII 外的机构投资者持股数量合计/总股本
分析师报告	report	跟踪分析上市公司的分析师报告数量
公司规模	size	总资产的自然对数
股票年收益率	ret	年个股回报率
高管持股比例	excuh	高管持股比例与 A 股流通股数的比值
产权性质	state	虚拟变量，如企业为国有企业则取值为1，否则为0
独立董事比例	indr	独立董事人数除以董事会人数
董事会规模	bdsize	年末董事会人数取对数
董事会会议次数	meeting	董事会会议次数取对数
股权集中度	owncon	年末前五大股东持股数量合计/总股本
两职合一	plu	董事长、总经理两职合一时取1，否则取0
股价同步性	syn	参考 Jin 和 Myers（2006）的方法计算的股价同步性
资产负债率	lev	期末负债总额/期末资产总计
上市年限	age	成为上市公司的年限取对数
收入增长率	grow	（本年营业收入－上年营业收入）/上年营业收入
行业信心	tqmed	年末同行业所有公司 Tobinq 的中位数
年换手率	turnover	流通股年换手率
年波动率	volat	股票当年日收益率的标准差

4.4 实证结果与分析

4.4.1 描述性统计

各变量的描述性统计结果见表4-2。其中Panel A是全样本的统计数据，对应各变量分别报告了均值、标准差、最小值、中位数、最大值统计量。在样本期内，公司违法违规（fraud）的平均值约为0.170，说明在所有的公司年度观测值中，约有17%的公司年度样本存在被查出的违法违规行为；QFII持股（QFII）的均值为0.098，表明约9.8%的公司年度样本被QFII持股。此外，本书进一步根据上市公司是否违法违规将样本分为两组，通过分组T检验的方法比较它们在基本特征上的差异，结果见表4-2的Panel B，第（6）、（7）两列分别针对违法违规和无违法违规样本，报告了各变量的均值，第（8）列报告了违法违规和无违法违规样本的各变量均值之差。从中不难看到，违法违规样本的QFII变量值显著低于无违法违规样本，说明相较于无违法违规样本，违法违规样本更少被QFII持股，这与本书的结论相符，即QFII持股能够发挥外部治理作用，抑制公司的违法违规行为。当然，由于QFII在选择投资标的时会遵照一定的标准，被选中的公司可能本来就经营状况良好且违法违规行为较少，因此本书的结论可能会受到内生性问题的干扰。为缓解内生性问题，本书将采用被解释变量的滞后一期值进行回归分析，并在后文采用PSM倾向得分匹配和变动值双向回归方法对该问题进行校正。

表4-2　全样本、违法违规样本及无违法违规样本的描述性统计结果

变量	Panel A：全样本					Panel B：分样本		
	均值	标准差	最小值	中位数	最大值	违法违规	无违法违规	(6)-(7)
	(1)	(2)	(3)	(4)	(5)	(6)	(7)	(8)
fraud	0.170	0.376	0.000	0.000	1.000	1.000	0.000	1.000
freq	0.244	0.653	0.000	0.000	11.000	1.431	0.000	1.431
QFII	0.098	0.297	0.000	0.000	1.000	0.066	0.104	-0.039***
audit	0.068	0.251	0.000	0.000	1.000	0.031	0.075	-0.044***
iaudit	0.041	0.198	0.000	0.000	1.000	0.016	0.046	0.030***

表4-2(续)

变量	Panel A：全样本					Panel B：分样本		
	均值	标准差	最小值	中位数	最大值	违法违规	无违法违规	(6)-(7)
	(1)	(2)	(3)	(4)	(5)	(6)	(7)	(8)
inssh	0.217	0.220	0.000	0.139	0.852	0.188	0.223	-0.035***
report	13.247	19.423	0.000	5.000	92.000	9.943	13.924	-3.981***
size	21.936	1.362	18.950	21.748	26.709	21.701	21.984	-0.283***
ret	0.311	0.789	-0.714	0.080	3.413	0.312	0.311	0.002
excuh	0.042	0.112	0.000	0.000	0.586	0.049	0.041	0.009***
state	0.503	0.500	0.000	1.000	1.000	0.400	0.524	-0.125***
indr	0.367	0.052	0.250	0.333	0.571	0.368	0.367	0.001
bdsize	2.285	0.185	1.792	2.303	2.773	2.272	2.287	-0.016***
meeting	2.282	0.337	1.386	2.303	3.178	2.327	2.272	0.054***
owncon	0.172	0.121	0.014	0.141	0.566	0.146	0.177	-0.031***
plu	0.206	0.405	0.000	0.000	1.000	0.252	0.197	0.055***
syn	-0.278	0.880	-3.269	-0.200	1.514	-0.381	-0.257	-0.124***
lev	0.474	0.226	0.049	0.473	1.359	0.510	0.467	0.044***
age	2.285	0.596	0.693	2.398	3.219	2.278	2.286	-0.008
grow	0.483	1.575	-0.866	0.125	12.036	0.498	0.480	0.019
tqmed	2.198	0.801	1.161	1.948	4.842	2.215	2.194	0.021
turnover	2.647	1.938	0.222	2.155	16.964	2.942	2.587	0.356***
volat	0.031	0.010	0.013	0.029	0.063	0.032	0.031	0.001***
N	23 301	23 301	23 301	23 301	23 301	3 965	19 336	

控制变量的结果显示，相较于没有违法违规的公司，违法违规公司更少选择四大会计师事务所或境外会计师事务所为其进行外部审计，其非QFII机构投资者的持股更少，跟踪的分析师报告数量也更少，规模更小，高管持股比例更高，更多的是非国有企业，董事会的人数更少，董事会会议次数更多，股权集中度更低，董事长和总经理二职合一的情况更多，更高的负债率，股票的年换手率和年波动率都更大。以上结论与康纳等（Khanna et al.，2015）的研究结果一致。

4.4.2 QFII 持股与公司违法违规行为的关系检验

QFII 持股对公司违法违规行为影响的实证结果见表 4-3，其中被解释变量是公司违法违规（fraud）和违法违规次数（freq），主要解释变量是 QFII 持股（QFII）。本书在回归中控制了可能影响上市公司违法违规行为的一系列因素以及年份、行业固定效应。

表 4-3 第（1）、（2）两列的实证结果表明，在控制了一系列可能影响上市公司违法违规行为的因素后，QFII 持股（QFII）在 1% 的显著性水平上与公司违法违规（fraud）负相关，说明 QFII 持股能够降低上市公司发生违法违规行为的概率；在 1% 的显著性水平上与违法违规次数（freq）负相关，说明 QFII 持股后，上市公司的违法违规次数显著下降，违法违规行为减少。这些实证结果支持了本书的假设 4-1，即 QFII 持股后，公司的违法违规概率降低，违法违规行为减少。为避免混合截面数据带来的聚类问题，消除异方差等因素的影响，本书进一步使用个体聚类效应（cluster）修正了所有估计结果中的标准误，结果见表 4-3 的第（3）、（4）两列，可以看到，QFII 持股（QFII）的系数仍然在 5% 的水平上显著为负。

此外，从表 4-3 第（1）、（2）两列还可以看到，审计质量（audit）和境外审计师（iaudit）系数均显著为负，说明严格和独立的外部审计能够对公司起到更好的监督和约束作用，降低违法违规概率，这与德利和吉兰（Deli & Gillan，2000）的发现一致；分析师报告数量（report）系数为负，说明市场中的分析师也能够起到监督作用，约束公司的违法违规行为；公司规模（size）系数为负，原因可能是规模大的公司内控机制和经营管理都更加完善和成熟，违法违规概率更低；股票年收益率（ret）的系数为负，说明当公司股票表现较好时，违法违规的概率较低；高管持股比例（excuh）的系数为负，说明股权激励有助于降低公司的代理成本，减少公司违法违规行为；产权性质（state）系数为负，原因可能是国有企业在面对市场竞争时其违法违规概率更低；董事会会议次数（meeting）系数为正，说明越多的董事会会议次数并不表示董事会越积极和有效，增加的会议次数很可能是在公司经营遇到问题后，为讨论和解决问题而被迫增加的会议频率（蔡志岳、吴世农，2007）；股权集中度（owncon）的系数为负，说明集中的股权结构有助于降低公司的违法违规倾向，这与陈国进等（2005）的发现一致；两职合一（plu）系数为正，说明当 CEO 与董事长二职合一时，董事会不能有效地监督管理层和经理人，使企业的内控系统失效（Jensen，1993），这会使得公司的违法违规概率增大；股价同步性（syn）的系数为负，原因可能是当股价同步性较高时，公司的信息透明度较低（Morck et al.，2000），因此被稽查出的违法违规行为反而较少；负债率（lev）系数为正，说明负债越多的公司所承受的压力越大，越容易引发违法违规行为；上市年限（age）系数为负，说明上市时间越久，公司的经营管理日趋完善，违法违规行为减少；年波动率（volat）系数为正，原因可能是公司波动越大，受关注程度也越高，被稽查出的违法违规行为也越多。

表 4-3　QFII 持股与公司违法违规行为

变量	（1）	（2）	（3）	（4）
	Logit	Poisson	Logit	Poisson
	fraud	freq	fraud	freq
QFII	-0.193 ***	-0.191 ***	-0.193 **	-0.191 **
	(-2.614)	(-3.263)	(-2.272)	(-2.092)
audit	-0.415 ***	-0.258 ***	-0.415 ***	-0.258
	(-3.623)	(-2.914)	(-2.660)	(-1.557)
iaudit	-0.431 ***	-0.537 ***	-0.431 **	-0.537 ***
	(-2.923)	(-4.314)	(-2.281)	(-2.862)
inssh	-0.172	-0.187 **	-0.172	-0.187
	(-1.535)	(-2.187)	(-1.162)	(-1.281)
report	-0.011 ***	-0.012 ***	-0.011 ***	-0.012 ***
	(-7.912)	(-10.578)	(-6.268)	(-6.827)
size	-0.051 **	-0.038 **	-0.051	-0.038
	(-2.257)	(-2.351)	(-1.511)	(-1.134)
ret	-0.110 ***	-0.085 ***	-0.110 ***	-0.085 **
	(-2.669)	(-2.734)	(-2.648)	(-2.275)
excuh	-0.616 ***	-0.556 ***	-0.616 **	-0.556 *
	(-2.868)	(-3.474)	(-2.080)	(-1.947)
state	-0.305 ***	-0.247 ***	-0.305 ***	-0.247 ***
	(-6.768)	(-7.392)	(-4.402)	(-3.513)
indr	-0.282	-0.136	-0.282	-0.136
	(-0.684)	(-0.444)	(-0.485)	(-0.251)
bdsize	0.264 **	0.148	0.264	0.148
	(2.104)	(1.589)	(1.409)	(0.827)

表4-3(续)

变量	(1)	(2)	(3)	(4)
	Logit	Poisson	Logit	Poisson
	fraud	freq	fraud	freq
meeting	0.210***	0.242***	0.210***	0.242***
	(3.440)	(5.378)	(2.622)	(3.099)
owncon	−1.605***	−1.612***	−1.605***	−1.612***
	(−8.060)	(−10.540)	(−5.663)	(−5.676)
plu	0.174***	0.167***	0.174**	0.167**
	(3.524)	(4.711)	(2.491)	(2.534)
syn	−0.105***	−0.077***	−0.105***	−0.077***
	(−3.983)	(−3.956)	(−3.609)	(−2.834)
lev	1.142***	1.005***	1.142***	1.005***
	(12.189)	(15.897)	(8.191)	(8.536)
age	−0.129***	−0.152***	−0.129**	−0.152**
	(−3.146)	(−5.015)	(−2.125)	(−2.250)
grow	−0.011	−0.020**	−0.011	−0.020
	(−0.919)	(−2.209)	(−0.830)	(−1.539)
tqmed	0.038	−0.015	0.038	−0.015
	(0.632)	(−0.323)	(0.556)	(−0.201)
turnover	−0.017	0.000	−0.017	0.000
	(−0.730)	(0.019)	(−0.578)	(0.010)
volat	12.608***	11.924***	12.608**	11.924**
	(2.866)	(3.769)	(2.531)	(2.172)
constant	−3.127***	−2.758***	−3.127***	−2.758***
	(−4.820)	(−5.787)	(−3.320)	(−2.956)
year FE	Yes	Yes	Yes	Yes
industry FE	Yes	Yes	Yes	Yes
L-likelihood	−9 389.432	−13 422.894	−9 391.275	−13 425.540
Wald chi^2	1 231.46	1 985.95	1 227.77	1 980.65
R^2	0.06	0.07	0.06	0.07
observations	22 206	22 206	22 206	22 206

4.4.3 影响机制分析

机构投资者可以通过积极的"用手投票"干预公司的内部治理，也可以通过"用脚投票"间接完善公司的治理机制，具体通过采取哪种方式取决于机构投资者的类型和股东积极程度（Ryan & Schneider，2002）。为厘清 QFII 到底通过哪条路径作用于公司的违法违规行为，本书分别从公司的内部治理环境和外部信息环境两个方面出发，探讨 QFII 对公司违法违规行为的治理效应。

4.4.3.1 内部治理环境的影响

如前所述，机构投资者影响公司治理的途径之一是通过积极的监督和干预，包括与管理层沟通（Gillan & Starks，2000）、参与股东大会和投票（Black，1998；Karpoff，2001；Gillan & Starks，2007）等方式约束内部人的自由裁量权。首先，本书推断公司的内部治理环境在 QFII 影响公司违法违规行为的过程中具有调节作用。一方面，公司的内部治理环境会影响 QFII 持股发挥作用的空间，当公司内部治理环境较差时，内部人实行利益侵占的机会多，违法违规的现象可能就比较严重，治理违法违规行为的空间较大，此时 QFII 持股对公司违法违规行为的约束作用会更加明显。相比之下，若公司原本内部治理环境较好，管理层和大股东本身就能受到很好的制约，那么此时 QFII 作为一种替代的外部制约机制，发挥作用的空间就会较小。

然而，机构投资者是否实行积极的监督活动，取决于对监督收益和成本的权衡。例如，当股权较为分散时，持股比例较低的小股东们缺乏监督上市公司的动机，因为若实行积极监督，他们将承担高昂的监督成本，而监督收益却由全体股东按比例享有（Gillan & Starks，2003），因此在对成本和收益的权衡之下，"搭便车"是理性的选择（Shleifer & Vishny，1986）。对于我国的 QFII 而言，由于投资额度和持股比例的限制，QFII 的积极监督收益并不高（李蕾、韩立岩，2014），同时，监督成本却因距离、语言和文化等差异而较为高昂（Ayers et al.，2011；Chen et al.，2007），因此，在对收益和成本的权衡之下，QFII 可能并不会对我国上市公司实施积极的监督（Tam，2010）不能对大股东或管理层形成直接的干预和制衡，无法直接改善其内部治理环境。中国内地学者也纷纷指出 QFII 并非积极的监督者（黄文青，2017；李蕾、韩立岩，2014）。

基于上述分析，本书提出如下推断：

推断 4-1：公司的内部治理环境在 QFII 对违法违规行为的影响中仅具有调节作用，不具备中介效应。

参考高雷和张杰（2008）的做法，本书使用资金占用这一指标作为内部治理环境的代理变量。因为较差的内部治理增加了大股东或管理层获得机会主义利益的空间，从而促使其通过资金占用等行为牟取私利（姜国华、岳衡，2005）。资金占用程度的计算公式为：Occupy ＝（其他应收款－其他应付款）／总资产，Occupy 的值越大表示资金占用程度越高，内部治理环境越差。本书根据上一年度 Occupy 的行业平均值将样本分为内部治理较好（Occupy-L）和内部治理较差（Occupy-H）两组。分组回归结果如表4-4 所示。

表4-4 的第（1）、（2）两列报告了内部治理环境较好（Occupy-L）的分样本回归结果，第（3）、（4）两列报告了内部治理环境较差（Occupy-H）的分样本回归结果。从表4-4 可以看到，QFII 持股（QFII）的系数在内部环境较好的分样本中虽然为负，但并不显著；而在内部环境较差的分样本中显著为负。上述结果说明 QFII 持股在内部治理状况较差的公司能够发挥更为明显的治理作用，与公司本身的内部治理机制之间存在着替代关系。

表4-4 在不同内部治理环境下 QFII 持股对公司违法违规行为的影响

变量	(1)	(2)	(3)	(4)
	内部治理较好组（Occupy-L）		内部治理较差组（Occupy-H）	
	fraud	freq	fraud	freq
QFII	−0.151	−0.062	−0.201 **	−0.238 ***
	(−1.172)	(−0.622)	(−2.209)	(−3.274)
audit	−0.149	0.025	−0.622 ***	−0.480 ***
	(−0.805)	(0.177)	(−4.144)	(−4.129)
iaudit	−0.240	−0.140	−0.510 ***	−0.741 ***
	(−0.979)	(−0.725)	(−2.687)	(−4.492)
inssh	−0.216	−0.218	−0.130	−0.168 *
	(−1.033)	(−1.363)	(−0.962)	(−1.648)
report	−0.016 ***	−0.017 ***	−0.011 ***	−0.011 ***
	(−4.911)	(−6.580)	(−6.647)	(−8.766)
size	−0.069 *	−0.053 *	−0.040	−0.032
	(−1.765)	(−1.852)	(−1.330)	(−1.475)

表4-4(续)

变量	（1）	（2）	（3）	（4）
	内部治理较好组（Occupy-L）		内部治理较差组（Occupy-H）	
	fraud	freq	fraud	freq
ret	−0.168**	−0.122**	−0.053	−0.038
	(−2.509)	(−2.385)	(−1.008)	(−0.976)
excuh	−0.993	−0.656	−0.399*	−0.466***
	(−1.598)	(−1.380)	(−1.705)	(−2.684)
state	−0.409***	−0.377***	−0.248***	−0.180***
	(−5.195)	(−6.491)	(−4.436)	(−4.355)
indr	−1.512*	−0.999*	0.074	0.129
	(−1.931)	(−1.732)	(0.150)	(0.354)
bdsize	0.129	0.079	0.281*	0.141
	(0.570)	(0.469)	(1.827)	(1.243)
meeting	0.057	0.037	0.259***	0.304***
	(0.516)	(0.462)	(3.500)	(5.548)
owncon	−1.439***	−1.435***	−1.586***	−1.636***
	(−3.821)	(−4.879)	(−6.624)	(−8.952)
plu	0.260***	0.141**	0.133**	0.181***
	(2.876)	(2.187)	(2.215)	(4.224)
syn	−0.113**	−0.074**	−0.100***	−0.076***
	(−2.338)	(−2.128)	(−3.082)	(−3.202)
lev	0.916***	0.692***	1.195***	1.115***
	(5.643)	(6.370)	(9.756)	(13.209)
age	−0.212**	−0.154**	−0.152***	−0.194***
	(−2.460)	(−2.357)	(−3.106)	(−5.385)
grow	−0.019	−0.031**	−0.006	−0.016
	(−0.995)	(−1.989)	(−0.414)	(−1.363)
tqmed	0.231**	0.245***	−0.069	−0.148***
	(2.193)	(2.983)	(−0.900)	(−2.614)
turnover	0.018	0.079***	−0.018	−0.029
	(0.420)	(2.724)	(−0.629)	(−1.366)
volat	21.890***	12.378**	5.291	9.254**
	(2.932)	(2.392)	(0.952)	(2.273)

表4-4(续)

变量	(1)	(2)	(3)	(4)
	内部治理较好组 (Occupy-L)		内部治理较差组 (Occupy-H)	
	fraud	freq	fraud	freq
constant	-3.801***	-2.375***	-2.850***	-2.448***
	(-3.789)	(-2.728)	(-3.042)	(-4.122)
year FE	Yes	Yes	Yes	Yes
industry FE	Yes	Yes	Yes	Yes
L-likelihood	-2 772.641	-3 897.692	-6 473.422	-9 288.128
Wald chi^2	573.23	941.68	704.98	1 185.13
R^2	0.09	0.11	0.05	0.06
observations	7 078	7 078	14 817	14 817

接下来，本书进一步考察资金占用程度是否在 QFII 持股影响违法违规行为的过程中发挥中介作用。借鉴温忠麟等（2004）提出的中介效应检验程序，本书进行以下几步检验：第一步，检验解释变量 QFII 持股（QFII）对被解释变量 fraud 和 freq 的回归系数，若显著则继续第二步，否则终止检验；第二步，检验 QFII 对资金占用程度（occupy）的回归系数，若显著，则进行第三步；第三步，将资金占用程度（occupy）纳入第一步的模型中，如果 occupy 和 QFII 的系数都显著，则说明存在部分中介效应，如果 occupy 系数显著而 QFII 系数不显著，则是完全中介效应；此外，如果第二步的 QFII 和第三步的 occupy 所得系数中有不显著的，则要做索贝尔（Sobel）检验以判断是否存在中介效应。

中介效应的检验结果见表 4-5。实证结果表明，第一步，QFII 持股（QFII）对 fraud 和 freq 的回归系数均显著，与上文一致；第二步，QFII 对资金占用程度（occupy）的系数虽为负，但并不显著，说明 QFII 持股不能对公司内部人形成制衡，从而抑制他们的资金占用行为；第三步，QFII 系数显著，第（5）列结果显示资金 occupy 对 fraud 的系数为正，但不显著，而第（6）列结果显示，occupy 对 freq 的系数在 1% 的水平上显著为正，总的来说，上市公司的违法违规行为的确与内部人的资金占用程度正相关。由于第（3）列中 QFII 的系数和第（5）列中 occupy 的系数不显著，本书进行了索贝尔检验，结果表明 occupy 在 QFII 持股影响违法违规行为的过程中不存在中介效应。表 4-4 和表 4-5 的结果支持了本书的推断 4-1。

表 4-5　资金占用程度的中介效应检验

变量	（1）	（2）	（3）	（4）	（5）
	第一步		第二步	第三步	
	fraud	freq	occupy	fraud	freq
QFII	−0.193***	−0.191***	−0.007	−0.193***	−0.189***
	（−2.614）	（−3.263）	（−0.197）	（−2.608）	（−3.233）
occupy				0.044	0.120***
				（0.625）	（2.993）
audit	−0.415***	−0.258***	−0.038	−0.414***	−0.253***
	（−3.623）	（−2.914）	（−0.822）	（−3.610）	（−2.855）
iaudit	−0.431***	−0.537***	−0.023	−0.431***	−0.539***
	（−2.923）	（−4.314）	（−0.422）	（−2.924）	（−4.327）
inssh	−0.172	−0.187**	−0.031	−0.172	−0.186**
	（−1.535）	（−2.187）	（−0.581）	（−1.533）	（−2.176）
report	−0.011***	−0.012***	−0.001	−0.011***	−0.012***
	（−7.912）	（−10.578）	（−1.090）	（−7.899）	（−10.525）
size	−0.051**	−0.038**	0.060***	−0.053**	−0.046***
	（−2.257）	（−2.351）	（5.048）	（−2.320）	（−2.780）
ret	−0.110***	−0.085***	0.004	−0.109***	−0.080**
	（−2.669）	（−2.734）	（0.198）	（−2.639）	（−2.571）
excuh	−0.616***	−0.556***	0.047	−0.618***	−0.565***
	（−2.868）	（−3.474）	（0.425）	（−2.877）	（−3.529）
state	−0.305***	−0.247***	−0.023	−0.305***	−0.245***
	（−6.768）	（−7.392）	（−0.989）	（−6.752）	（−7.324）
indr	−0.282	−0.136	−0.482**	−0.278	−0.115
	（−0.684）	（−0.444）	（−2.322）	（−0.673）	（−0.378）
bdsize	0.264**	0.148	0.013	0.266**	0.162*
	（2.104）	（1.589）	（0.212）	（2.120）	（1.736）
meeting	0.210***	0.242***	−0.039	0.210***	0.244***
	（3.440）	（5.378）	（−1.258）	（3.442）	（5.412）
owncon	−1.605***	−1.612***	−0.147	−1.603***	−1.608***
	（−8.060）	（−10.540）	（−1.565）	（−8.051）	（−10.504）
plu	0.174***	0.167***	−0.024	0.175***	0.172***
	（3.524）	（4.711）	（−0.905）	（3.544）	（4.832）

表4-5(续)

变量	(1)	(2)	(3)	(4)	(5)
	第一步		第二步	第三步	
	fraud	freq	occupy	fraud	freq
syn	-0.105***	-0.077***	0.006	-0.105***	-0.076***
	(-3.983)	(-3.956)	(0.409)	(-3.982)	(-3.936)
lev	1.142***	1.005***	-0.340***	1.151***	1.040***
	(12.189)	(15.897)	(-6.635)	(12.141)	(16.252)
age	-0.129***	-0.152***	0.010	-0.129***	-0.152***
	(-3.146)	(-5.015)	(0.479)	(-3.137)	(-4.990)
grow	-0.011	-0.020**	0.001	-0.011	-0.020**
	(-0.919)	(-2.209)	(0.118)	(-0.916)	(-2.198)
tqmed	0.038	-0.015	-0.011	0.038	-0.016
	(0.632)	(-0.323)	(-0.382)	(0.631)	(-0.338)
turnover	-0.017	0.000	0.003	-0.017	-0.001
	(-0.730)	(0.019)	(0.216)	(-0.738)	(-0.040)
volat	12.608***	11.924***	4.426**	12.478***	11.499***
	(2.866)	(3.769)	(1.969)	(2.833)	(3.626)
constant	-3.127***	-2.758***	-1.051**	-3.091***	-2.630***
	(-4.820)	(-5.787)	(-2.369)	(-4.746)	(-5.503)
year FE	Yes	Yes	Yes	Yes	Yes
industry FE	Yes	Yes	Yes	Yes	Yes
L-likelihood	-9 389.432	-13 422.894		-9 389.237	-13 418.443
Wald chi^2	1 231.46	1 985.95		1 231.85	1 994.85
R^2	0.06	0.07	0.01	0.06	0.07
observations	22 206	22 206	22 206	22 206	22 206

4.4.3.2 外部信息环境的影响

机构投资者影响公司治理的另一条途径是"用脚投票",研究表明,交易股票本身也是一种有效的公司治理机制(Admati & Pfleiderer, 2009; Qian, 2011; Helwege et al., 2012)。其中一个重要的原因就是境外机构投资者的参与和交易本身就能起到改善公司信息环境的作用。首先,如前所述,境外机构投资者交易会导致更多的分析师和分析报告生成(Bae et al., 2006),从而提高公司的信息透明度;其次,境外机构投资者的信息处理能力较强,能够促进与价格有关的信息更快地融入股价,提升股价的信息含量（Kim & Cheong，2015）；此外，机构投资者的卖出行为能够向市场中的其他投资者传递公司价值的负向信号，增大股价的下行压力（Parrino et al.，2003）。因此，本书推测公司的信息透明度在 QFII 对公司违法违规行为的影响中既具有调节作用，又具有中介作用。一方面，同内部治理环境一样，公司原来的信息透明度会影响 QFII 持股发挥作用的空间：当公司本身信息透明度较低时，外界缺少了解公司情况的途径，投资者信息缺口大，公司发生违法违规行为后被发现的可能性较低，因此公司违法违规的现象可能就比较严重，治理违法违规行为的空间较大，此时 QFII 持股对公司违法违规行为的约束作用会更加明显。相比之下，若公司原本信息就很透明，管理层和大股东本身就能受到很好的制约，那么此时 QFII 持股作为一种替代的外部制约机制，发挥作用的空间就会较小。参照以往的研究（Bushman et al.，2004；钟覃琳、陆正飞，2018），本书使用分析师跟踪数量作为外部信息环境的代理变量。另一方面，境外投资者持股能够增加分析师跟踪的数量，促使企业披露更多信息，降低公司的信息不对称程度（Bae et al.，2006；Kim & Cheong，2015），从而提高公司违法违规行为被稽查发现的概率（p）和违法违规成本（$c=p×F$），进而减少公司的违法违规行为。基于此，本书提出如下推断：

推断 4-2：公司的外部信息环境在 QFII 影响公司违法违规行为的过程中既具有调节作用，又发挥中介效应。

参照以往的研究（Bushman et al.，2004；钟覃琳、陆正飞，2018），本书使用分析师跟踪数量作为外部信息环境的代理变量，并根据上一年度分析师数量的行业中位数将样本分为信息环境较好（Analyst-H）和信息环境较差（Analyst-L）两组。分组回归结果如表 4-6 所示。

表 4-6 的第（1）、（2）两列报告了外部信息环境较好（Analyst-H）的分样本回归结果，QFII 对 fraud 的系数为负，但不显著，对 freq 的系数仅在 10% 的水平上显著为负；在第（3）、（4）两列报告的外部信息环境较差（Analyst-L）的分样本中，QFII 的系数均在 5% 的水平上显著为负。上述结果说明 QFII 持股对违法违规行为的治理作用在外部信息环境较差的公司中更加明显，上述结果说明 QFII 持股对外部信息较差的公司产生了更高的公司治理边际贡献。

表 4-6　QFII 持股与公司违法违规行为——外部信息环境的影响

变量	(1)	(2)	(3)	(4)
	Analyst-H		Analyst-L	
	fraud	freq	fraud	freq
QFII	−0.114	−0.150*	−0.238**	−0.201**
	(−1.068)	(−1.708)	(−2.274)	(−2.515)
audit	−0.352**	−0.369***	−0.476***	−0.205*
	(−2.139)	(−2.698)	(−2.792)	(−1.677)
iaudit	−0.687***	−0.890***	−0.174	−0.230
	(−2.868)	(−4.184)	(−0.888)	(−1.481)
inssh	−0.413*	−0.367**	−0.053	−0.114
	(−1.955)	(−2.190)	(−0.394)	(−1.128)
report	−0.010***	−0.011***	−0.005	−0.005**
	(−4.960)	(−6.971)	(−1.557)	(−1.983)
size	−0.111**	−0.078*	−0.033	−0.039**
	(−2.059)	(−1.838)	(−1.222)	(−2.044)
ret	−0.124	−0.073	−0.105**	−0.089**
	(−1.554)	(−1.154)	(−2.128)	(−2.429)
excuh	−0.283	−0.475*	−0.872***	−0.660***
	(−0.843)	(−1.869)	(−2.989)	(−3.089)
state	−0.419***	−0.299***	−0.265***	−0.232***
	(−4.534)	(−4.172)	(−5.035)	(−6.063)
indr	0.145	−0.556	−0.633	−0.067
	(0.193)	(−0.948)	(−1.263)	(−0.185)
bdsize	0.730***	0.265	0.015	0.041
	(3.086)	(1.427)	(0.100)	(0.371)
meeting	0.229**	0.324***	0.177**	0.192***
	(1.984)	(3.595)	(2.426)	(3.635)
owncon	−1.487***	−1.689***	−1.681***	−1.620***
	(−4.094)	(−5.825)	(−6.875)	(−8.787)
plu	0.171*	0.273***	0.167***	0.135***
	(1.806)	(3.892)	(2.848)	(3.240)
syn	−0.062	0.018	−0.118***	−0.101***
	(−1.172)	(0.421)	(−3.779)	(−4.529)

表4-6(续)

变量	(1)	(2)	(3)	(4)
	Analyst-H		Analyst-L	
	fraud	freq	fraud	freq
lev	1.916***	1.991***	0.991***	0.852***
	(7.558)	(10.217)	(9.511)	(12.141)
age	−0.195**	−0.296***	−0.131**	−0.114***
	(−2.513)	(−4.891)	(−2.518)	(−3.018)
grow	−0.018	−0.026	−0.010	−0.019**
	(−0.539)	(−0.913)	(−0.807)	(−1.965)
tqmed	−0.144	−0.230**	0.101	0.046
	(−1.222)	(−2.440)	(1.394)	(0.856)
turnover	−0.013	−0.001	−0.016	−0.000
	(−0.228)	(−0.033)	(−0.593)	(−0.017)
volat	10.032	7.156	10.238**	10.554***
	(1.096)	(0.990)	(1.982)	(2.909)
constant	−3.385**	−2.689**	−2.668***	−2.386***
	(−2.334)	(−2.267)	(−3.431)	(−4.260)
year FE	Yes	Yes	Yes	Yes
industry FE	Yes	Yes	Yes	Yes
L-likelihood	−2 841.897	−3 802.542	−6 397.709	−9 389.585
Wald chi^2	493.46	837.16	639.81	1 041.49
R^2	0.08	0.10	0.05	0.05
observations	8 065	8 120	13 775	13 775

中介效应的检验结果见表4-7。实证结果表明，第一步，QFII 持股（QFII）对 fraud 和 freq 的回归系数均显著，与上文一致；第二步，QFII 对分析师跟踪（analyst）的系数在 1% 的水平上显著为正，说明 QFII 持股后，市场中的分析师数量显著增加，改善了公司的信息环境；第三步，QFII 和 analyst 的系数均显著，说明分析师跟踪在 QFII 持股影响公司违法违规行为的过程中具有部分中介效应。表4-6 和表4-7 的结果支持了本书的推断 4-2。

表 4-7　分析师的中介效应检验

变量	（1）	（2）	（3）	（4）	（5）
	第一步		第二步	第三步	
	fraud	freq	analyst	fraud	freq
QFII	−0.193 ***	−0.191 ***	3.342 ***	−0.184 **	−0.186 ***
	（−2.614）	（−3.263）	（21.662）	（−2.483）	（−3.168）
analyst				−0.026 ***	−0.026 ***
				（−8.277）	（−10.597）
audit	−0.415 ***	−0.258 ***	0.650 ***	−0.420 ***	−0.262 ***
	（−3.623）	（−2.914）	（3.102）	（−3.662）	（−2.960）
iaudit	−0.431 ***	−0.537 ***	0.071	−0.439 ***	−0.549 ***
	（−2.923）	（−4.314）	（0.280）	（−2.976）	（−4.401）
inssh	−0.172	−0.187 **	5.316 ***	−0.152	−0.175 **
	（−1.535）	（−2.187）	（21.540）	（−1.351）	（−2.040）
size	−0.051 **	−0.038 **	3.432	−0.042 *	−0.033 **
	（−2.257）	（−2.351）	（67.628）	（−1.826）	（−1.995）
ret	−0.110 ***	−0.085 ***	0.886 ***	−0.109 ***	−0.085 ***
	（−2.669）	（−2.734）	（9.074）	（−2.657）	（−2.746）
excuh	−0.616 ***	−0.556 ***	4.772 ***	−0.601 ***	−0.544 ***
	（−2.868）	（−3.474）	（9.298）	（−2.799）	（−3.402）
state	−0.305 ***	−0.247 ***	−1.016 ***	−0.303 ***	−0.243 ***
	（−6.768）	（−7.392）	（−9.262）	（−6.719）	（−7.292）
indr	−0.282	−0.136	−0.226	−0.279	−0.129
	（−0.684）	（−0.444）	（−0.233）	（−0.676）	（−0.422）
bdsize	0.264 **	0.148	1.022 ***	0.276 **	0.159 *
	（2.104）	（1.589）	（3.471）	（2.198）	（1.704）
meeting	0.210 ***	0.242 ***	0.471 ***	0.204 ***	0.236 ***
	（3.440）	（5.378）	（3.286）	（3.344）	（5.249）
owncon	−1.605 ***	−1.612 ***	−6.195 ***	−1.602 ***	−1.604 ***
	（−8.060）	（−10.540）	（−14.286）	（−8.049）	（−10.495）
plu	0.174 ***	0.167 ***	0.018	0.175 ***	0.168 ***
	（3.524）	（4.711）	（0.144）	（3.545）	（4.734）
syn	−0.105 ***	−0.077 ***	−0.511 ***	−0.102 ***	−0.073 ***
	（−3.983）	（−3.956）	（−8.181）	（−3.872）	（−3.792）

表4-7(续)

变量	（1）	（2）	（3）	（4）	（5）
	第一步		第二步	第三步	
	fraud	freq	analyst	fraud	freq
lev	1. 142 ***	1. 005 ***	−5. 679 ***	1. 127 ***	0. 997 ***
	(12. 189)	(15. 897)	(−23. 968)	(12. 006)	(15. 741)
age	−0. 129 ***	−0. 152 ***	−1. 894 ***	−0. 138 ***	−0. 159 ***
	(−3. 146)	(−5. 015)	(−19. 814)	(−3. 350)	(−5. 215)
grow	−0. 011	−0. 020 **	−0. 063 **	−0. 011	−0. 021 **
	(−0. 919)	(−2. 209)	(−2. 122)	(−0. 941)	(−2. 231)
tqmed	0. 038	−0. 015	0. 886 ***	0. 036	−0. 018
	(0. 632)	(−0. 323)	(6. 520)	(0. 601)	(−0. 388)
turnover	−0. 017	0. 000	−0. 796 ***	−0. 016	0. 003
	(−0. 730)	(0. 019)	(−13. 973)	(−0. 664)	(0. 161)
volat	12. 608 ***	11. 924 ***	−7. 507	12. 577 ***	11. 908 ***
	(2. 866)	(3. 769)	(−0. 722)	(2. 859)	(3. 760)
constant	−3. 127 ***	−2. 758 ***	−8. 754 ***	−3. 316 ***	−2. 881 ***
	(−4. 820)	(−5. 787)	(−15. 172)	(−5. 067)	(−5. 994)
year FE	Yes	Yes	Yes	Yes	Yes
industry FE	Yes	Yes	Yes	Yes	Yes
L−likelihood	−9 389. 432	−13 422. 894		−9 386. 875	−13 424. 354
Wald chi^2	1 231. 46	1 985. 95		1 236. 57	1 983. 02
R^2	0. 06	0. 07	0. 41	0. 06	0. 07
observations	22 206	22 206	22 206	22 206	22 206

4.5　内生性与稳健性检验

4.5.1　内生性检验

QFII 持股与上市公司违法违规行为之间存在着内生性问题：一方面，QFII 持股具有公司治理作用，能够降低被持股公司发生违法违规行为的可能性；另一方面，QFII 基金在选择投资标的时并不是随机的，已有研究表明境外机构投资者倾向于选择公司治理状况较好的公司（Giannetti et al.,

2006；Ferreira & Matos，2008；Leuz et al.，2008），即 QFII 投资的公司可能本身治理情况较好、违法违规行为较少。因此，QFII 持股的治理作用可能存在反向因果的内生性问题。此外，企业文化等难以观测但显著影响公司违法违规行为的因素可能与 QFII 持股相关，导致本书也存在遗漏变量的内生性问题。上述内生性问题会导致回归结果的有偏性和不一致性，影响 QFII 持股与违法违规行为之间因果关系的有效识别。为缓解本书的内生性问题，首先，我们在所有回归中均使用自变量的滞后一期值；其次，参考陈等（Chen et al.，2018）和李春涛等（2018）的做法，使用倾向得分匹配为 QFII 进入的上市公司选取对照组，最大限度地降低样本间的事前偏差；最后，参考阿加沃尔等（Aggarwal et al.，2011）的做法，利用面板数据的特点，考察 QFII 持股数量变动值与公司违法违规变动值之间的双向关系。

4.5.1.1 倾向得分匹配法（PSM）

本书采用倾向得分匹配（PSM）方法，为被 QFII 持股的上市公司构造出一组与之最为接近的对照组。具体的构造方法如下：首先，样本区间仍然为 2003—2017 年，对照组来自那些在样本期间内从未被 QFII 持有过的上市公司。根据已有的关于 QFII 持股影响因素的研究（Dahlquist & Robertsson，2001），整理出影响 QFII 持股选择的变量，具体包括公司规模、负债率、管理层持股比例、第一大股东持股比例、换手率、上市时间、年份和行业。其次，通过 Logit 回归得到每个观测值的倾向性评分。最后，我们采用最相邻匹配和半径匹配结合的方法（被 QFII 持股的概率最接近，且倾向得分之差小于 0.01），为每一个 QFII 进入的上市公司选取一家最接近的公司作为对照。

倾向得分匹配法是否能够校正选择偏差，关键在于处理组和对照组的样本匹配质量，即共同支撑域的大小和平衡性效果。平衡性效果见表 4-8，从中不难看到，匹配后两组的特征变量均值差异均显著下降，标准化差异绝对值均降至 10% 以内。因此，从统计学上来讲，该匹配较好地满足了平衡性假设。同时，该匹配也较好地满足了共同支撑假设，仅有 1.6‰（43 个）的样本落在共同支撑域外（本书从处理组中剔除了这些观测值）。

表 4-8　PSM 倾向得分匹配平衡性效果

变量	样本	均值差异检验			标准化差异检验	
		处理组	对照组	T 检验	标准化差异	降幅/%
size	匹配前	22.167	21.474	43.37***	51.90	98.10
	匹配后	22.154	22.140	0.73	1.00	
lev	匹配前	0.481	0.461	7.22***	8.80	63.70
	匹配后	0.481	0.489	-2.69***	-3.20	
mngmhr	匹配前	0.054	0.120	-30.67***	-37.60	99.4
	匹配后	0.054	0.054	0.21	0.20	
firsthold	匹配前	38.167	34.869	17.46***	21.10	87.20
	匹配后	38.054	38.476	-2.05**	-2.70	
turnover	匹配前	1.538	1.853	-19.79***	-24.00	91.6
	匹配后	1.541	1.568	-1.70*	-2.00	
age	匹配前	2.270	2.070	24.25***	29.50	93.9
	匹配后	2.270	2.258	1.54	1.80	

　　基于 PSM 倾向得分匹配样本的回归结果见表 4-9 的 Panel A。从第（1）、（2）两列可以看到，在使用 PSM 方法配对后，QFII 持股（QFII）对公司违法违规（fraud）和违法违规次数（freq）的回归系数仍然显著为负，与表 4-3 保持一致。

表 4-9　QFII 持股与公司违法违规行为——内生性检验

变量	Panel A：PSM 样本		Panel B：变动值双向回归			
	（1）	（2）	（3）	（4）	（5）	（6）
	fraud	freq	Δfraud	Δfreq	ΔQFIIhold	ΔQFIIhold
QFII	-0.180**	-0.170***				
	(-2.388)	(-2.858)				
ΔQFIIhold			-0.038***	-0.080***		
			(-2.901)	(-6.970)		
Δfraud					-0.019	
					(-0.583)	
Δfreq						-0.021
						(-1.027)

表4-9(续)

变量	Panel A：PSM 样本		Panel B：变动值双向回归			
	（1）	（2）	（3）	（4）	（5）	（6）
	fraud	freq	Δfraud	Δfreq	ΔQFIIhold	ΔQFIIhold
audit	-0.383***	-0.312***	-0.182	-0.174	0.239	0.238
	（-3.094）	（-3.124）	（-0.694）	（-0.912）	（1.578）	（1.573）
iaudit	-0.386**	-0.496***	0.347	-0.067	0.014	0.015
	（-2.317）	（-3.435）	（1.454）	（-0.389）	（0.101）	（0.105）
inssh	-0.303**	-0.252**	0.014	0.245*	0.007	0.006
	（-2.199）	（-2.379）	（0.082）	（1.744）	（0.063）	（0.060）
report	-0.010***	-0.011***	0.003	-0.003*	0.004***	0.004***
	（-6.213）	（-8.307）	（1.315）	（-1.800）	（3.045）	（3.037）
size	-0.092***	-0.079***	-0.056	-0.129**	0.098**	0.099**
	（-3.207）	（-3.818）	（-0.756）	（-2.219）	（2.102）	（2.122）
ret	-0.094*	-0.053	-0.013	0.002	-0.017	-0.017
	（-1.818）	（-1.363）	（-0.423）	（0.104）	（-0.870）	（-0.873）
excuh	-0.727**	-0.758***	0.073	-0.478	0.221	0.221
	（-2.368）	（-3.229）	（0.165）	（-1.386）	（0.726）	（0.727）
state	-0.305***	-0.253***	-0.229	-0.313**	0.050	0.049
	（-5.587）	（-6.258）	（-1.208）	（-2.400）	（0.434）	（0.427）
indr	-0.490	-0.328	-0.045	-0.234	-0.346	-0.350
	（-0.977）	（-0.880）	（-0.072）	（-0.503）	（-0.864）	（-0.874）
bdsize	0.292*	0.160	-0.086	0.088	-0.135	-0.135
	（1.909）	（1.407）	（-0.332）	（0.454）	（-0.820）	（-0.824）
meeting	0.149**	0.241***	0.238***	0.094*	-0.021	-0.021
	（2.020）	（4.382）	（3.522）	（1.860）	（-0.491）	（-0.489）
owncon	-2.006***	-1.916***	0.190	0.098	0.186	0.184
	（-8.173）	（-10.059）	（0.341）	（0.225）	（0.539）	（0.536）
plu	0.166***	0.199***	-0.049	0.012	-0.059	-0.059
	（2.677）	（4.465）	（-0.610）	（0.195）	（-1.136）	（-1.133）
syn	-0.093***	-0.080***	-0.048**	-0.005	-0.009	-0.009
	（-2.789）	（-3.273）	（-2.058）	（-0.252）	（-0.569）	（-0.578）
lev	1.371***	1.154***	0.795***	1.336***	-0.046	-0.047
	（11.049）	（13.779）	（3.494）	（7.859）	（-0.327）	（-0.333）

表4-9(续)

变量	Panel A：PSM 样本		Panel B：变动值双向回归			
	(1)	(2)	(3)	(4)	(5)	(6)
	fraud	freq	Δfraud	Δfreq	ΔQFIIhold	ΔQFIIhold
age	−0.093*	−0.101**	0.279	−0.403*	−0.732***	−0.731***
	(−1.766)	(−2.555)	(0.922)	(−1.770)	(−3.673)	(−3.672)
grow	−0.028*	−0.023*	−0.001	−0.019**	−0.005	−0.005
	(−1.717)	(−1.905)	(−0.106)	(−2.258)	(−0.637)	(−0.646)
tqmed	0.052	−0.024	0.000	0.056	−0.006	−0.006
	(0.680)	(−0.411)	(0.002)	(1.026)	(−0.142)	(−0.145)
turnover	−0.068**	−0.021	0.030	0.050**	−0.012	−0.012
	(−2.241)	(−0.958)	(1.133)	(2.412)	(−0.715)	(−0.700)
volat	13.806**	6.439	3.988	−5.428	−1.142	−1.137
	(2.461)	(1.550)	(0.913)	(−1.624)	(−0.418)	(−0.416)
constant	−2.451***	−1.999***	−2.249***	−2.696***	0.146	0.145
	(−2.970)	(−3.277)	(−8.814)	(−13.891)	(0.311)	(0.308)
year FE	Yes	Yes	Yes	Yes	Yes	Yes
industry FE	Yes	Yes	Yes	Yes	Yes	Yes
L-likelihood	−6 316.705	−8 919.380	−7 655.298	−11 086.592		
Wald chi^2	935.02	1 493.32	333.43	759.26		
R^2	0.07	0.08	0.02	0.03	0.01	0.01
observations	15 515	15 515	17 391	17 391	17 353	17 353

4.5.1.2 变动值双向回归

为进一步探究究竟是 QFII 持股影响了公司违法违规行为，还是企业的违法违规状况影响了 QFII 的持股选择，参考阿加沃尔等（Aggarwal et al.，2011）的做法，本书研究了 QFII 持股变动值和公司违法违规变动值之间的双向关系。如果的确是 QFII 持股影响了公司违法违规行为，则随着 QFII 持股的增加（或减少），公司的违法违规概率和违法违规次数应该减少（或增加）。这个方法也消除了那些无法观测且不随时间变化的遗漏变量对本书的影响。由于原来的自变量 QFII 持股（QFII）是虚拟变量，不适用于计算变动值，因此本书使用 QFII 持股数量（QFIIhold）的变动值作为主要解释变量。

表 4-9 的 Panel B 报告了变动值回归的结果，其中第（3）、（4）两列

报告了 QFII 持股数量变动对违法违规概率变动及违法违规次数变动的影响。需要说明的是，因变量 Δfraud 和 Δfreq 是 t−1 期到 t 期变化值，主要解释变量 ΔQFIIhold 是 t−2 期到 t−1 期的变动值，所有的控制变量也全部采用滞后一期的变动值形式。可以看到，QFII 持股数量的变动值系数显著为负，说明本期的 QFII 持股数量变动值与下期的公司违法违规概率和违法违规次数变动值呈显著的负相关关系，该结果证明 QFII 持股确实能够抑制公司的违法违规行为，也进一步明晰了 QFII 持股在完善公司治理机制中所扮演的角色。

同样地，我们进行了反向的变动值回归，采用违法违规概率和违法违规次数的变动值作为主要的解释变量，QFII 持股数量变动值作为被解释变量。从表 4-9 的第（5）、（6）两列可以看到，Δfraud 和 Δfreq 的系数并不显著，说明公司违法违规状况的改变并不能影响 QFII 的持股选择。以上结论说明 QFII 持股的变化能够驱动公司违法违规状况的变化，而公司违法违规状况的变化并不能驱动 QFII 持股的变化，证明本书的结论是可靠的。

4.5.2 稳健性检验

4.5.2.1 剔除其他境外投资者持股的影响

本书的研究结论是 QFII 持股有助于完善被投资公司的治理机制，抑制上市公司的违法违规行为。然而在 QFII 制度之外，境外投资者还可以通过 B 股市场、"A+H" 交叉上市、"沪港通" 和 "深港通" 等渠道参与中国的股票市场。且有研究表明，QFII 倾向于选择交叉上市的股票（Ferreira & Matos，2008）。因此，若这些渠道与 QFII 重合，则无法有效识别公司违法违规状况的变化与 QFII 持股的因果关系，而前文研究并未排除这些外资持股渠道的影响。因此，本书剔除 "A+B" "A+H" 以及开启了 "沪港通" "深港通" 的样本，重新对式（4-1）的模型进行回归分析，结果见表 4-10 的 Panel A。可以看到，尽管显著性水平有所下降，QFII 的系数仍然至少在 10% 的水平上显著为负，增强了本书结论的稳健性。

表 4-10 稳健性检验——变换样本范围

变量	Panel A		Panel B	
	（1）	（2）	（3）	（4）
	fraud	freq	fraud	freq
QFII	−0.135*	−0.130**	−0.211***	−0.166***
	(−1.682)	(−2.073)	(−2.700)	(−2.712)
audit	−0.367**	−0.319***	−0.385***	−0.322***
	(−2.429)	(−2.634)	(−2.772)	(−2.809)
iaudit	−0.305	−0.565*	−0.206	−0.246
	(−0.919)	(−1.931)	(−1.080)	(−1.502)
inssh	−0.062	−0.094	−0.419**	−0.393***
	(−0.509)	(−1.019)	(−2.406)	(−2.912)
report	−0.012***	−0.012***	−0.009***	−0.011***
	(−7.448)	(−9.615)	(−4.936)	(−6.874)
size	−0.054**	−0.049***	−0.114***	−0.113***
	(−2.135)	(−2.728)	(−3.194)	(−4.388)
ret	−0.121***	−0.103***	−0.127**	−0.080
	(−2.768)	(−3.118)	(−1.981)	(−1.618)
excuh	−0.468**	−0.412**	−0.381	−0.621**
	(−2.113)	(−2.506)	(−0.962)	(−2.014)
state	−0.319***	−0.263***	−0.443***	−0.365***
	(−6.633)	(−7.422)	(−6.382)	(−7.067)
indr	−0.127	0.037	−0.623	−0.412
	(−0.291)	(0.115)	(−0.991)	(−0.868)
bdsize	0.334**	0.202**	0.339*	0.225
	(2.492)	(2.039)	(1.756)	(1.557)
meeting	0.223***	0.250***	0.142	0.197***
	(3.409)	(5.206)	(1.529)	(2.809)
owncon	−1.646***	−1.651***	−1.872***	−1.751***
	(−7.683)	(−10.041)	(−6.040)	(−7.193)
plu	0.173***	0.161***	0.185**	0.214***
	(3.289)	(4.271)	(2.379)	(3.799)
syn	−0.100***	−0.077***	−0.107**	−0.120***
	(−3.492)	(−3.706)	(−2.532)	(−3.839)

表4-10(续)

变量	Panel A		Panel B	
	（1）	（2）	（3）	（4）
	fraud	freq	fraud	freq
lev	1.151***	1.016***	1.611***	1.245***
	（11.553）	（15.196）	（9.965）	（11.537）
age	−0.093**	−0.112***	0.006	0.027
	（−2.078）	（−3.397）	（0.088）	（0.506）
grow	−0.011	−0.021**	−0.035	−0.032*
	（−0.900）	（−2.240）	（−1.641）	（−1.957）
tqmed	0.059	−0.008	0.091	0.070
	（0.870）	（−0.154）	（0.945）	（0.912）
turnover	−0.016	0.007	−0.073*	−0.032
	（−0.608）	（0.366）	（−1.870）	（−1.110）
volat	12.526***	11.806***	6.943	−3.252
	（2.652）	（3.480）	（0.974）	（−0.619）
constant	−3.596***	−3.009***	−2.407**	−1.725**
	（−5.152）	（−5.894）	（−2.296）	（−2.200）
year FE	Yes	Yes	Yes	Yes
industry FE	Yes	Yes	Yes	Yes
L-likelihood	−8 200.357	−11 784.729	−4 067.985	−5 598.000
Wald chi^2	908.99	1 520.16	763.52	1 174.17
R^2	0.05	0.06	0.09	0.09
observations	18 459	18 459	10 559	10 559

4.5.2.2 剔除从未被 QFII 持股的公司样本

首先，QFII 持股的全样本均值仅为 0.098（见表 4-2），表明仅有约 9.8% 的公司年度样本被 QFII 持股，造成了一定程度的样本分布不均；其次，本书的样本期间较长（2003—2017 年），而在此期间从没有被 QFII 持股过的上市公司，其治理状况很可能一直存在较严重的问题。因此，在回归分析中，这部分公司样本的存在可能会夸大 QFII 持股的治理作用。为增强结论的稳健性，本书剔除样本期间从没有被 QFII 持股过的公司样本，重新对式（4-1）的模型进行回归分析，结果见表 4-10 的 Panel B，解释变量 QFII 的系数仍然显著为负，增强了本书结论的稳健性。

4.5.2.3 持股数量与持仓市值

在稳健性检验中，本书还将 QFII 持股数量（QFIIhold）和持仓市值（QFIIval）作为 QFII 持股的代理变量。持股数量（QFIIhold）的回归结果见表 4-11 的第（1）、（2）两列，持仓市值（QFIIval）的回归结果见表 4-11 的第（3）、（4）两列。可以看到，在所有回归中，解释变量的系数均显著为负，说明 QFII 持股的数量越多、市值越大，对公司违法违规行为的抑制作用就越强，该结果增强了本书结论的稳健性。此外，本书还将 QFII 持股比例作为解释变量进行回归分析，发现其系数并不显著，可能的原因是政策、额度和门槛的限制，QFII 持股在公司总股份中的占比往往很小，且受公司股本规模的影响较大，然而 QFII 对公司违法违规行为的监督和约束动机，并不会因持股比例较小而减少，而是与其持股的绝对数量和市值直接相关。

表 4-11　稳健性检验——持股数量与持仓市值

变量	Panel A：持股数量		Panel B：持仓市值	
	（1）	（2）	（3）	（4）
	fraud	freq	fraud	freq
QFIIhold	−0.027 **	−0.034 ***		
	（−2.231）	（−3.463）		
QFIIval			−0.019 **	−0.024 ***
			（−2.188）	（−3.373）
audit	−0.418 ***	−0.256 ***	−0.420 ***	−0.259 ***
	（−3.647）	（−2.897）	（−3.666）	（−2.928）
iaudit	−0.435 ***	−0.544 ***	−0.436 ***	−0.545 ***
	（−2.951）	（−4.370）	（−2.953）	（−4.372）
inssh	−0.172	−0.187 **	−0.172	−0.186 **
	（−1.536）	（−2.184）	（−1.533）	（−2.179）
report	−0.011 ***	−0.012 ***	−0.011 ***	−0.012 ***
	（−7.896）	（−10.471）	（−7.884）	（−10.462）
size	−0.052 **	−0.038 **	−0.052 **	−0.038 **
	（−2.269）	（−2.317）	（−2.293）	（−2.353）
ret	−0.109 ***	−0.084 ***	−0.109 ***	−0.084 ***
	（−2.656）	（−2.696）	（−2.654）	（−2.694）

表4-11(续)

变量	Panel A：持股数量		Panel B：持仓市值	
	（1）	（2）	（3）	（4）
	fraud	freq	fraud	freq
excuh	−0.616***	−0.556***	−0.616***	−0.556***
	（−2.869）	（−3.475）	（−2.867）	（−3.472）
state	−0.306***	−0.247***	−0.306***	−0.247***
	（−6.778）	（−7.401）	（−6.772）	（−7.392）
indr	−0.280	−0.132	−0.281	−0.133
	（−0.680）	（−0.433）	（−0.682）	（−0.437）
bdsize	0.264**	0.150	0.264**	0.149
	（2.110）	（1.611）	（2.107）	（1.604）
meeting	0.209***	0.241***	0.209***	0.242***
	（3.433）	（5.351）	（3.437）	（5.358）
owncon	−1.611***	−1.617***	−1.609***	−1.615***
	（−8.092）	（−10.570）	（−8.083）	（−10.557）
plu	0.174***	0.167***	0.174***	0.167***
	（3.518）	（4.705）	（3.516）	（4.702）
syn	−0.104***	−0.076***	−0.104***	−0.076***
	（−3.946）	（−3.914）	（−3.952）	（−3.923）
lev	1.145***	1.007***	1.145***	1.007***
	（12.230）	（15.936）	（12.227）	（15.930）
age	−0.131***	−0.153***	−0.131***	−0.153***
	（−3.185）	（−5.036）	（−3.190）	（−5.046）
grow	−0.011	−0.020**	−0.011	−0.020**
	（−0.910）	（−2.198）	（−0.908）	（−2.196）
tqmed	0.038	−0.015	0.038	−0.014
	（0.635）	（−0.315）	（0.636）	（−0.313）
turnover	−0.017	0.001	−0.017	0.001
	（−0.711）	（0.054）	（−0.713）	（0.053）
volat	12.457***	11.705***	12.495***	11.741***
	（2.831）	（3.697）	（2.840）	（3.710）
constant	−3.111***	−2.762***	−3.100***	−2.749***
	（−4.796）	（−5.793）	（−4.780）	（−5.769）
year FE	Yes	Yes	Yes	Yes

表4-11(续)

变量	Panel A：持股数量		Panel B：持仓市值	
	（1）	（2）	（3）	（4）
	fraud	freq	fraud	freq
industry FE	Yes	Yes	Yes	Yes
L-likelihood	−9 390.397	−13 422.136	−9 390.498	−13 422.484
Wald chi^2	1 229.53	1 987.46	1 229.33	1 986.76
R^2	0.06	0.07	0.06	0.07
observations	22 206	22 206	22 206	22 206

4.5.2.4 监督动机与监督能力

一般而言，QFII 持股数量越多、持仓市值越大，其监督动机也越强。然而，某一公司可能被几家 QFII 同时持有，换句话说，同样的总持股量，上市公司被一家 QFII 持有和被多家 QFII 共同持有，QFII 的监督动机是不同的，前者应强于后者。因此，若 QFII 的确对公司起到了监督作用，从而抑制其违法违规行为，则这种效果应随监督动机的增强而增加。为此，本书使用 QFII 的平均持股数量（QFIImean：QFII 总持股数量/QFII 家数）作为 QFII 监督动机的测度指标，对公司违法违规变量进行回归分析。从表4-12 的 Panel A 可以看到，平均持股数量（QFIImean）对公司违法违规概率（fraud）和违法违规次数（freq）的系数均显著为负，说明 QFII 的监督动机越强，被持股公司的违法违规行为越少，进一步验证了本书结论的可靠性。QFII 平均持仓市值的回归结果与平均持股数量一致。

表 4-12　稳健性检验——监督动机与监督能力

变量	Panel A：监督动机		Panel B：监督能力	
	（1）	（2）	（3）	（4）
	fraud	freq	fraud	freq
QFIImean	−0.030**	−0.036***		
	（−2.346）	（−3.508）		
QFIIper			−2.270*	−3.096***
			（−1.817）	（−2.960）
audit	−0.417***	−0.256***	−0.424***	−0.261***
	（−3.643）	（−2.898）	（−3.703）	（−2.956）

表4-12(续)

变量	Panel A：监督动机		Panel B：监督能力	
	（1）	（2）	（3）	（4）
	fraud	freq	fraud	freq
iaudit	-0.436 ***	-0.545 ***	-0.435 ***	-0.545 ***
	（-2.954）	（-4.372）	（-2.946）	（-4.370）
inssh	-0.172	-0.186 **	-0.170	-0.183 **
	（-1.534）	（-2.182）	（-1.513）	（-2.144）
report	-0.011 ***	-0.012 ***	-0.011 ***	-0.012 ***
	（-7.883）	（-10.468）	（-7.995）	（-10.587）
size	-0.051 **	-0.038 **	-0.053 **	-0.039 **
	（-2.260）	（-2.311）	（-2.341）	（-2.405）
ret	-0.109 ***	-0.084 ***	-0.110 ***	-0.084 ***
	（-2.652）	（-2.695）	（-2.671）	（-2.711）
excuh	-0.616 ***	-0.556 ***	-0.614 ***	-0.554 ***
	（-2.867）	（-3.472）	（-2.857）	（-3.458）
state	-0.306 ***	-0.247 ***	-0.307 ***	-0.249 ***
	（-6.777）	（-7.400）	（-6.808）	（-7.445）
indr	-0.280	-0.132	-0.278	-0.129
	（-0.680）	（-0.434）	（-0.674）	（-0.423）
bdsize	0.265 **	0.150	0.267 **	0.153
	（2.111）	（1.611）	（2.131）	（1.639）
meeting	0.209 ***	0.241 ***	0.210 ***	0.242 ***
	（3.430）	（5.349）	（3.445）	（5.366）
owncon	-1.611 ***	-1.617 ***	-1.649 ***	-1.662 ***
	（-8.092）	（-10.573）	（-8.251）	（-10.829）
plu	0.174 ***	0.167 ***	0.173 ***	0.166 ***
	（3.517）	（4.702）	（3.496）	（4.675）
syn	-0.104 ***	-0.076 ***	-0.104 ***	-0.076 ***
	（-3.945）	（-3.913）	（-3.951）	（-3.920）
lev	1.145 ***	1.008 ***	1.150 ***	1.011 ***
	（12.230）	（15.938）	（12.278）	（15.999）
age	-0.130 ***	-0.153 ***	-0.133 ***	-0.156 ***
	（-3.181）	（-5.034）	（-3.255）	（-5.153）

表4-12(续)

变量	Panel A：监督动机		Panel B：监督能力	
	（1）	（2）	（3）	（4）
	fraud	freq	fraud	freq
grow	−0.011	−0.020**	−0.011	−0.020**
	(−0.909)	(−2.197)	(−0.892)	(−2.168)
tqmed	0.038	−0.014	0.037	−0.016
	(0.635)	(−0.315)	(0.616)	(−0.342)
turnover	−0.017	0.001	−0.017	0.000
	(−0.707)	(0.057)	(−0.738)	(0.013)
volat	12.440***	11.705***	12.606***	11.812***
	(2.827)	(3.697)	(2.866)	(3.737)
constant	−3.115***	−2.764***	−3.084***	−2.736***
	(−4.802)	(−5.797)	(−4.756)	(−5.740)
year FE	Yes	Yes	Yes	Yes
industry FE	Yes	Yes	Yes	Yes
L−likelihood	−9 390.121	−13 421.967	−9 391.197	−13 423.514
Wald chi^2	1 230.08	1 987.80	1 227.93	1 984.70
R^2	0.06	0.07	0.06	0.07
observations	22 206	22 206	22 206	22 206

除监督动机之外，QFII 对上市公司的监督效果还受到监督能力的影响，而 QFII 的监督能力取决于其在上市公司中的话语权。参考杨和任（Yang & Ren，2017）的做法，本书使用 QFII 持股占第一大股东持股的比例（QFIIper）作为 QFII 监督能力的测度指标，并对公司违法违规变量进行回归分析。从表 4-12 的 Panel B 可以看到，QFIIper 对 fraud 和 freq 的系数均显著为负，说明 QFII 的监督能力越强，被持股公司的违法违规行为越少，进一步增强了本书结论的稳健性。

4.6 进一步的研究

4.6.1 QFII 持股对不同类型违法违规行为的影响

参照中国证监会对公司违法违规行为的分类，本书将公司违法违规行为分为信息披露违法违规行为、经营违法违规行为、领导人违法违规行为三类。为更全面深入地分析 QFII 持股的治理作用，本书将探究其对不同类型公司违法违规行为的影响。如果公司发生信息披露违法违规行为则 $F1$ 取值为 1，否则为 0；若公司发生经营违法违规行为则 $F2$ 取值为 1，否则为 0；如果公司发生领导人违法违规行为则 $F3$ 取值为 1，否则为 0。QFII 持股对上市公司不同类型违法违规行为的影响见表 4-13。从表 4-13 可以看到，在三类违法违规行为中，QFII 持股（QFII）仅对信息披露违法违规行为（$F1$）的回归系数显著为负，对经营违法违规行为（$F2$）和领导人违法违规行为（$F3$）的回归系数虽为负，但不显著。上述结果说明 QFII 持股对公司违法违规行为的治理作用在信息披露违法违规行为中更加明显，这可能是因为 QFII 具有的信息优势主要体现在对公司财务报告等公开信息的解读和分析上（Kim & Cheong, 2015），而地理和文化距离的劣势导致 QFII 对公司的内部情况了解程度较低（Ayers et al., 2011；Chen et al., 2007），因而无法有效约束公司的经营违法违规行为和领导人违法违规行为。

表 4-13　QFII 持股对不同类型违法违规行为的影响

变量	（1）	（2）	（3）
	Logit	Logit	Logit
	fraud	fraud	fraud
QFII	−0.171 **	−0.103	−0.203
	（−2.137）	（−1.247）	（−1.485）
audit	−0.501 ***	−0.383 ***	−0.400 *
	（−3.806）	（−3.029）	（−1.782）
iaudit	−0.553 ***	−0.347 **	−0.754 **
	（−3.219）	（−2.148）	（−2.220）
inssh	−0.412 ***	−0.413 ***	0.295
	（−3.383）	（−3.160）	（1.499）
report	−0.014 ***	−0.012 ***	−0.005 **
	（−8.506）	（−7.263）	（−2.165）
size	−0.104 ***	0.010	−0.081 *
	（−4.337）	（0.375）	（−1.931）
ret	−0.124 ***	−0.136 ***	0.074
	（−2.826）	（−2.857）	（1.046）

表4-13(续)

变量	（1）	（2）	（3）
	Logit	Logit	Logit
	fraud	fraud	fraud
excuh	−0.818***	−0.352	−0.253
	(−3.456)	(−1.421)	(−0.741)
state	−0.246***	−0.211***	−0.552***
	(−5.195)	(−4.106)	(−6.385)
indr	0.418	0.552	0.270
	(0.972)	(1.204)	(0.360)
bdsize	0.208	0.246*	0.590**
	(1.575)	(1.747)	(2.514)
meeting	0.276***	0.183***	0.376***
	(4.278)	(2.642)	(3.373)
owncon	−1.295***	−1.157***	−1.771***
	(−6.160)	(−5.188)	(−4.722)
plu	0.191***	0.161***	−0.001
	(3.652)	(2.833)	(−0.017)
syn	−0.103***	−0.101***	−0.139***
	(−3.680)	(−3.350)	(−3.013)
lev	1.467***	1.100***	0.543***
	(15.030)	(10.481)	(3.207)
age	−0.025	−0.039	−0.371***
	(−0.572)	(−0.823)	(−5.180)
grow	−0.011	−0.031**	−0.019
	(−0.895)	(−2.151)	(−0.808)
tqmed	0.034	−0.032	−0.281**
	(0.525)	(−0.465)	(−2.496)
turnover	0.005	−0.001	−0.046
	(0.200)	(−0.035)	(−1.072)
volat	12.606***	16.684***	4.190
	(2.718)	(3.347)	(0.539)
constant	−3.272***	−5.494***	−2.850**
	(−4.721)	(−7.441)	(−2.401)
year FE	Yes	Yes	Yes

表4-13(续)

变量	(1)	(2)	(3)
	Logit	Logit	Logit
	fraud	fraud	fraud
industry FE	Yes	Yes	Yes
L-likelihood	−8 563.146	−7 693.173	−3 718.611
Wald chi^2	1 360.55	858.77	502.68
R^2	0.07	0.05	0.06
observations	22 206	22 206	22 206

4.6.2 分阶段考察 QFII 持股对公司违法违规行为的影响

在 QFII 制度运行之初,为控制市场开放可能带来的风险,监管层对 QFII 的申请资格、投资额度、持股比例等规定较为严格,例如,规定所有境外机构投资者对单个上市公司 A 股的持股比例总和不得超过该上市公司股份的 20%。之后,随着 QFII 投资运作的不断开展,相关制度逐步完善,对 QFII 的限制也不断放开。2012 年,证监会发布《合格境外机构投资者证券投资管理办法》,大幅放宽了 QFII 的资格要求和准入条件,并将 QFII 对单个上市公司 A 股的持股比例总和上限由 20% 提升至 30%,投资范围也逐渐扩大。此后,QFII 的投资额度不断增加,投资限制逐渐减少,至 2016年 9 月,证监会原则上取消了对 QFII 资产配置比例的限制;2018 年 6 月,QFII 锁定期、资金汇出限制取消。在政府政策的支持下,国家外汇管理局批准的 QFII 企业家数和投资额度分别由 2003 年的 12 家和 17 亿美元,增加到 2018 年 12 月的 287 家和 1 010 亿美元。

若 QFII 持股对 A 股上市公司的确具有监督和治理效果,那么随着 QFII 投资额度的扩大和持股比例限制的放开,QFII 持股对公司违法违规行为的治理作用应该越来越明显。为此,本书根据 QFII 持股比例限制放开的关键时点(2012 年、2016 年),分三阶段(2003—2011 年、2003—2015 年、2003—2017 年)考察 QFII 持股对公司违法违规行为的影响,检验结果见表4-14。

从表 4-14 可以看到,在第一阶段(2003—2011 年),QFII 持股(QFII)对公司违法违规概率(fraud)和违法违规次数(freq)的系数为负,但不显著;在第二阶段(2003—2015 年),QFII 对 fraud 的系数在 5%

的水平上显著为负，对 freq 的系数在 1% 的水平上显著为负；而在完全取消持股比例限制后的第三阶段（2003—2017 年），QFII 对 fraud 和 freq 的系数显著为负，且显著性水平均为 1%。上述结果说明，在 QFII 制度开启后的前 10 年，由于投资比例、额度等方面的限制较为严格，QFII 持股的公司治理效应并不明显；随着监管层对 QFII 持股比例、额度等限制的逐步放开，QFII 持股的治理效应也逐渐显现，对 A 股上市公司的违法违规行为产生了显著的抑制作用。

表 4-14　分阶段考察 QFII 持股对公司违法违规行为的影响

变量	（1）	（2）	（3）	（4）	（5）	（6）
	2003—2011 年		2003—2015 年		2003—2017 年	
	fraud	freq	fraud	freq	fraud	freq
QFII	−0.113	−0.123	−0.171**	−0.170***	−0.193***	−0.191***
	（−1.131）	（−1.553）	（−2.274）	（−2.861）	（−2.614）	（−3.263）
audit	−0.377**	−0.195	−0.395***	−0.255***	−0.415***	−0.258***
	（−2.263）	（−1.496）	（−3.349）	（−2.788）	（−3.623）	（−2.914）
iaudit	−0.357*	−0.426***	−0.423***	−0.526***	−0.431***	−0.537***
	（−1.839）	（−2.629）	（−2.793）	（−4.117）	（−2.923）	（−4.314）
inssh	−0.057	0.100	−0.210*	−0.219**	−0.172	−0.187**
	（−0.325）	（0.756）	（−1.770）	（−2.441）	（−1.535）	（−2.187）
report	−0.009***	−0.009***	−0.011***	−0.012***	−0.011***	−0.012***
	（−3.683）	（−4.907）	（−7.364）	（−9.909）	（−7.912）	（−10.578）
size	−0.126***	−0.130***	−0.061**	−0.049***	−0.051**	−0.038**
	（−3.660）	（−5.176）	（−2.581）	（−2.907）	（−2.257）	（−2.351）
ret	−0.232***	−0.157***	−0.115***	−0.086***	−0.110***	−0.085***
	（−4.108）	（−3.641）	（−2.742）	（−2.728）	（−2.669）	（−2.734）
excuh	0.636*	0.282	−0.544**	−0.503***	−0.616***	−0.556***
	（1.708）	（1.057）	（−2.449）	（−3.065）	（−2.868）	（−3.474）
state	−0.245***	−0.169***	−0.296***	−0.242***	−0.305***	−0.247***
	（−3.949）	（−3.654）	（−6.409）	（−7.100）	（−6.768）	（−7.392）
indr	0.480	0.620	−0.184	−0.001	−0.282	−0.136
	（0.813）	（1.423）	（−0.434）	（−0.003）	（−0.684）	（−0.444）
bdsize	0.472***	0.330**	0.241*	0.131	0.264**	0.148
	（2.726）	（2.548）	（1.871）	（1.384）	（2.104）	（1.589）

表4-14(续)

变量	(1)	(2)	(3)	(4)	(5)	(6)
	2003—2011 年		2003—2015 年		2003—2017 年	
	fraud	freq	fraud	freq	fraud	freq
meeting	0.168*	0.188***	0.223***	0.254***	0.210***	0.242***
	(1.871)	(2.832)	(3.545)	(5.486)	(3.440)	(5.378)
owncon	−1.691***	−1.844***	−1.601***	−1.587***	−1.605***	−1.612***
	(−5.768)	(−8.025)	(−7.818)	(−10.148)	(−8.060)	(−10.540)
plu	0.209***	0.229***	0.173***	0.168***	0.174***	0.167***
	(2.826)	(4.369)	(3.381)	(4.595)	(3.524)	(4.711)
syn	−0.029	−0.008	−0.099***	−0.071***	−0.105***	−0.077***
	(−0.681)	(−0.263)	(−3.571)	(−3.523)	(−3.983)	(−3.956)
lev	1.158***	0.974***	1.147***	0.999***	1.142***	1.005***
	(9.189)	(11.474)	(11.957)	(15.557)	(12.189)	(15.897)
age	−0.186***	−0.154***	−0.109**	−0.133***	−0.129***	−0.152***
	(−2.973)	(−3.268)	(−2.551)	(−4.231)	(−3.146)	(−5.015)
grow	0.010	−0.004	−0.009	−0.019**	−0.011	−0.020**
	(0.631)	(−0.288)	(−0.728)	(−2.048)	(−0.919)	(−2.209)
tqmed	0.198*	0.111	0.045	−0.009	0.038	−0.015
	(1.873)	(1.375)	(0.700)	(−0.194)	(0.632)	(−0.323)
turnover	0.024	0.024	−0.015	0.004	−0.017	0.000
	(0.642)	(0.894)	(−0.617)	(0.215)	(−0.730)	(0.019)
volat	23.128***	15.078***	13.510***	12.294***	12.608***	11.924***
	(3.551)	(3.203)	(2.993)	(3.816)	(2.866)	(3.769)
constant	−1.637*	−0.699	−2.536***	−2.171***	−3.127***	−2.758***
	(−1.824)	(−1.051)	(−3.678)	(−4.333)	(−4.820)	(−5.787)
year FE	Yes	Yes	Yes	Yes	Yes	Yes
industry FE	Yes	Yes	Yes	Yes	Yes	Yes
L-likelihood	−4 475.642	−6 280.512	−8 735.383	−12 591.125	−9 389.432	−13 422.894
Wald chi^2	640.96	934.68	996.04	1 631.22	1 231.46	1 985.95
R^2	0.07	0.07	0.05	0.06	0.06	0.07
observations	10 499	10 499	19 709	19 709	22 206	22 206

4.7 本章小结

QFII 作为重要的机构投资者和境外投资者，是否发挥了对于上市公司的治理作用，是其能否在保证安全性、流动性的前提下，实现基金资产增值目标的关键因素，更是其是否应该入市的重要依据，同时也是其他金融开放措施的一个参考。本章以 2003—2017 年中国 A 股上市公司为样本，检验了 QFII 持股对公司违法违规行为的治理作用。

研究结果表明：第一，QFII 持股能够降低被持股公司违法违规行为发生的概率和次数，这种治理作用在内部治理状况较差以及外部信息环境较差的上市公司中更为明显。第二，一方面通过倾向得分匹配（PSM）和变动值双向回归的方法缓解了 QFII 持股与公司违法违规行为之间的内生性问题，另一方面也通过变换样本范围、更换测度指标等方法对本书结论进行了稳健性检验，结论依然成立，证明本书的研究结论是可靠的。第三，QFII 持股减少公司违法违规行为的作用路径是通过改善公司的信息环境抑制其违法违规行为，而非对大股东和经理人产生直接的制衡作用。此外，QFII 持股主要对公司的信息披露违法违规行为具有治理作用，对经营违法违规行为和领导人违法违规行为的影响不明显，但随着监管层对 QFII 持股比例限制的逐步放开，QFII 对公司违法违规行为的治理作用逐渐增强。

本章以 QFII 持股为切入点，为资本市场开放的经济效应提供了公司层面的实证证据；同时以公司违法违规行为为视角，揭示了资本市场开放的公司治理效用。从本章的结论可以得到以下两点启示：第一，对于监管部门而言，为了有效地监督上市公司违法违规行为、维护市场秩序、保护投资者权益，股票市场开放作为一项有效的外部治理机制，其作用应该受到充分重视。相关部门在积累了一定的经验后，应逐步扩大 QFII 的入市规模，推进和完善金融开放机制。第二，对于公司而言，随着金融开放程度的不断加深，市场竞争程度和信息透明度都将不断提高，通过违法违规行为获取机会利益的空间将不断被压缩，因此，公司的股东和管理者只有放弃机会主义倾向，切实从提高公司管理水平和盈利能力上追求合法收益才能保证公司和个人财富的长期健康发展。第三，本章的研究结果也发现，QFII 持股对公司违法违规行为的影响力随着时间的推进以及投资额度和比例限制的不断放开而逐步提高。这说明，任何一项金融创新和政策对市场和公司的影响都不是立竿见影的，这种影响往往需要在市场和投资者熟悉和接受之后才能逐渐显现和加深，在这个过程中甚至可能会走弯路。因此，一方面，对于股票市场开放等改革措施效果的评估需要放眼长远，而非急功近利；另一方面，任何金融改革的推动都应循序渐进，当遇到问题之后，适当放缓节奏，总结问题并解决问题亦不失为明智之举。

5 "沪港通"与公司违法违规行为

5.1 引言

近年来，我国上市公司违法违规行为时有发生，诸如"雅百特""辉山乳业""凯迪生态"等违法违规行为严重挫伤了投资者信心，降低了股东价值，增加了资本市场不稳定性，导致资本不合理分配。一般而言，公司违法违规行为的出现源于管理层或大股东的自利动机，这些自利动机在不完全信息条件下，会促使内部人通过违反特定的法律法规来获取机会利益（金伯富，2000）。例如管理层粉饰业绩以缓解公司的财务压力（Bentley et al.，2013；Jeppson et al.，2017），或得到较高的薪酬激励（Goldman & Slezak，2006；Dechow et al.，2011）；控股股东和管理层违法违规披露信息，从而获取更多外部资金（孙健 等，2016）等。公司的违法违规行为会受到违法违规成本的约束。根据科雷亚（Correia，2009）的"公司违法违规成本与收益分析"模型，违法违规成本等于违法违规行为被稽查发现的概率与被稽查发现后公司所受损失二者的乘积。因此，提高对公司违法违规行为的稽查概率及其被稽查发现后的损失，有助于提高公司的违法违规成本，降低公司的违法违规概率。在此基础上，学者们围绕公司违法违规的治理机制展开了大量研究，发现独立董事（Chen et al.，2006；Fich & Shivdasani，2007；周泽将、刘中燕，2017）、第一大股东集中持股（陈国进 等，2005）、机构投资者持股（陆瑶 等，2012）、媒体关注（周开国 等，2016）、分析师跟踪（Chen et al.，2016）、严格的外部审计（Deli & Gillan，2000）等，均可以在一定程度上抑制公司违法违规行为。但到目前为止，还鲜有研究涉及对股票市场开放与公司违法违规行为的关系的探讨。

资本市场开放作为发展中国家金融领域改革开放的组成部分和重要内容，不仅可以改变新兴经济体无法进行全球资产配置从而分散风险的状况，也可以满足境外资本分享新兴市场经济增长的意愿，从而使本土和境外市场共同分享经济金融全球化带来的收益。大量研究表明，资本市场开放不仅能从资本成本（Stulz，1995；Henry，2000a）、投资（Henry，2000b；Bekaert et al.，2000）、消费（Funke，2002）、市场有效性（Han Kim & Singal，2000）、全要素生产率（Bekaert et al.，2011）等方面深刻影响资本市场和宏观经济，它还能作为一种外部治理机制，提高公司治理水平（Stulz，1999；Bae et al.，2006；董秀良 等，2016）。与中国内地投资者相比，首先，境外投资者具有全球化的交易经验、更强的独立性、更先进的分析和沟通工具，能够更好地监督上市公司（Khanna & Palepu，2000；Kim et al.，2016），提高其违法违规行为被发现的概率；其次，境外投资者的参与对公司施加了更大的高管被更换、公司被并购的压力（Stulz，1995；Lel & Miller；2008），增加了股东和管理层面临的市场竞争和犯错成本，提高了其违法违规行为被发现后所受的惩罚成本（例如，CEO 撤换或控制权易主）；再次，境外投资者具有更强的信息处理能力（Bae et al.，2012）和更成熟的交易策略（Grinblatt & Keloharju，2000），能够及时地将相关信息反映到股价中，提升股票的定价效率（钟覃琳、陆正飞，2018），增大负面信息公布后股价的下行压力，加重了对违法违规行为的惩罚；最后，随着股票市场的开放，分析师、承销商等中介数量增加，改善了公司的信息环境（Bae et al.，2006），从而有助于提高公司违法违规行为被发现的概率。可见，资本市场开放可能有助于提高公司的违法违规成本，从而降低公司的违法违规概率。然而，对于资本市场开放是否能够有效抑制公司违法违规行为，到目前为止还未有直接的证据。

为此，本书将利用中国数据，探讨"沪港通"机制对公司违法违规行为的影响，尝试弥补现有文献体系的这一缺失。之所以使用中国数据对该问题进行研究，原因在于：首先，中国于 2014 年 11 月正式启动沪港股票市场交易互通互联机制试点（"沪港通"），为研究资本市场开放的实施效果提供了准自然实验环境。"沪港通"是指上海证券交易所和香港联合交易所允许两地投资者通过当地证券交易服务公司，买卖规定范围内的对方交易所上市的股票。这是继合格境外机构投资者（QFII）、合格境内机构投资者（QDII）、人民币合格境外机构投资者（RQFII）等制度后，中国资本市场迈向新一轮开放的重要探索和尝试。其次，我国仍然是投资者保护较弱的国家[①]，现阶段相对落后的法治化进程和较高的诉讼成本，导致市场中的违法违规行为多、影响大，因此探讨我国资本市场的违法违规问题以及法律以外的约束机制具有更强的实践意义和社会价值。再次，使用一国数据进行研究，可以避免该领域文献经常出现的由多国数据带来的遗漏变量问题。资本市场开放的经济后果，至今仍是经济学领域最具争议的话题之一，尤其是在20世纪90年代亚洲爆发了一系列金融危机之后，越来越多的经济学者开始重新审视资本市场开放带来的国际资本投机活动，并发现资本市场开放会增加经济波动、危害宏观经济的稳定性，甚至导致金融危机（Bae et al.，2004；李巍，2008；李巍、张志超，2008）。实证结果的不一致性主要是因为跨国截面数据容易受到法律体制、经济发展程度、金融市场成熟度、文化因素等影响，产生遗漏变量进而造成参数的错误估计。因此，以同一国家内的上市公司作为研究样本进行分析，能够控制住其他经济政策对资本市场效率造成的影响，排除制度因素等遗漏变量给研究结果带来的潜在偏误。最后，我国"沪港通"机制自开启以来，交易规模逐渐攀升。截至2019年11月底，"沪港通"累计成交金额达到10.74万亿人民币，累计净买入规模达到4 807.22亿人民币，而"沪港通""深港通"持股规模已达8 828.38亿人民币，持股占比自2014年的0.16%提升至1.45%。可见，"沪港通"北上资金持股规模、成交规模日益增加，研究其经济后果具有现实意义和实践基础。

本书研究发现，"沪港通"的推出使公司的违法违规行为减少，违法违规次数降低，该结论在使用了PSM方法校正样本选择偏差后仍然稳健。进一步地，本书通过检验"沪港通"影响公司违法违规行为的机制和途径，发现信息环境在"沪港通"影响公司违法违规行为的过程中，既存在调节效应，也存在中介效应。在信息环境较差的公司，"沪港通"的开通能够减少违法违规行为，而在信息环境相对较好的公司，"沪港通"的上述作用并不明显。"沪港通"的开启能够为标的股票吸引更多的分析师关注，从而起到改善信息环境、提高违法违规成本的作用，进而降低公司违法违规的概率和次数。同时，"沪港通"对公司违法违规行为的治理效应与公司的股权结构密切相关，在非国有企业或股权相对分散的公司，"沪港

---

① 谢志华，等. 中国上市公司会计投资者保护评价报告 [R/OL]. (2017-09-23) [2021-12-16]. http://bhzx.btbu.edu.cn/index.htm.

通"能够显著降低公司的违法违规概率和违法违规次数，而在国有企业或股权集中度较高的公司，"沪港通"的上述作用并不明显。通过变换模型设定、变换样本区间和范围、剔除 QFII 持股和交叉上市因素的影响等方法进行稳健性检验，本书结论仍然成立，从而证明了本书研究结论的可靠性。

本书的理论贡献主要体现在以下三个方面：第一，本书的研究丰富了公司违法违规行为影响因素的相关文献。现有的研究主要集中于违法违规动机、公司特征等方面对违法违规行为的影响，而对包括"沪港通"在内的相关股票市场开放机制则较少有研究关注。第二，本书丰富了"沪港通"实施效果方面的研究。现有的研究主要围绕股价信息含量（钟覃琳、陆正飞，2018）、A+H 股价差（谭小芬 等，2017）、崩盘风险（华鸣、孙谦，2018）、市场稳定性（刘海飞 等，2018）等方面对"沪港通"的实施效果进行探讨，尚未有学者针对上市公司违法违规行为展开研究。本书从公司分析师跟踪、股权集中度和产权性质角度入手，深入探讨了"沪港通"影响公司违法违规行为的途径和机理，为"沪港通"的公司治理效应提供了丰富的研究视角。第三，现有关于"沪港通"对公司治理效应的研究更多地集中于西方成熟市场，本书的结论为"沪港通"的治理效应提供了来自新兴市场的证据，也有助于为其他新兴市场提供参考和借鉴。

在实践层面，"沪港通"作为我国资本市场开放的重要试点项目，全面分析其实施效果对未来的金融改革具有重大的现实意义。本章的研究结论为上市公司和监管部门提供了治理和防范公司违法违规行为的线索，同时也为接下来的"深港通""沪伦通"等进一步的金融开放提供了重要的实证证据和政策启示。

5.2 理论分析与研究假设

公司会仔细衡量收益和风险来决定是否发生违法违规行为（Becker，1968）。为此，本书参考科雷亚（Correia，2009）的"公司违法违规成本与收益分析"模型，假设违法违规收益 $b=EA+AL$，EA 是公司通过违法违规而得到的额外资产，AL 是公司通过违法违规而避免的由公司亏损或投资失败带来的损失。同时，假设违法违规成本 $c=p×F$，其中 p 为公司违法违规行为被稽查发现的概率，F 是违法违规行为被披露后公司的损失，包括监管机构的处罚金额以及由股价下跌带来的一系列损失，例如融资约束增大、被并购的风险增大、经理人面临被更换、质押股权的股东爆仓等。可见，股价下跌对公司的打击往往更大。

对于稽查概率（p）而言，首先，与中国内地投资者相比，境外投资者全球化经验丰富，具有更好的监督技巧以及先进的沟通和分析工具（Kim et al.，2016），且具有较强的独立性（Khanna & Palepu，2000），与公司没有投资以外的关联，因此能够对公司进行更好的监督，提高公司违法违规行为被发现的概率（p）；其次，随着"沪港通"启动，境外投资者交易会导致更多的分析师和分析报告生成，降低信息不对称程度的同时也促使公司披露更多信息（Bae et al.，2006；Kim & Cheong，2015），提高公司违法违规行为被发现的概率（p）；最后，"沪港通"的开通必然会将香港联合交易所以及香港市场的投资者对公司治理、信息披露等行为规范的要求和标准带入内地资本市场，因此为了获得境外资本，公司也会主动地提高信息披露质量（Admati & Pfleiderer，2000）。

对于违法违规行为被披露后的损失（F）来说，首先，境外投资者拥有较强的信息处理能力和更加成熟的交易策略，因此能够更及时地将相关信息反映到股价当中（Bae et al.，2012；Grinblatt & Keloharju，2000；钟覃琳、陆正飞，2018），从而在一定程度上增大违法违规行为被披露后公司股价的下行压力，造成对公司价值的负向冲击；其次，"沪港通"的开启使得标的公司处于全球竞争市场中，境外投资者的参与会为发生违法违规行为的公司带来更大的经理人被更换、公司被并购的风险，加大市场对公司违法违规行为的惩罚力度（F）；最后，境外证券市场投资者保护程度较高（La Porta et al.，1998），面对上市公司违法违规的信息披露，可能倾向于通过法律诉讼等途径保护自身的利益，提高公司的诉讼风险和成本（Fernandes et al.，2010），增大了违法违规行为被发现后的惩罚成本。总的来说，"沪港通"的开启提高了公司的违法违规成本（$c=p×F$）。

此外，"沪港通"机制有利于提高市场定价效率（钟覃琳、陆正飞，2018），降低股价被高估程度，能够有效降低公司通过违法违规行为所获取的额外收入（EA）。同时，"沪港通"能有效地监督公司的盈余管理行为（钟凯 等，2018），减少公司通过会计舞弊掩盖投资失败或业绩不佳所获取的违法违规收益（AL）。因此，"沪港通"也可以在一定程度上减少公司的违法违规收益（b）。

综合上述分析，"沪港通"的开启提高了违法违规行为被发现的概率及被发现后的损失，从而提高了违法违规行为带来的风险和成本，并在一定程度上降低了由违法违规行为带来的收益，通过对成本与收益的权衡，可能有利于降低公司的违法违规概率。基于此，本书提出如下假设：

假设 5-1：成为"沪港通"标的后，公司发生违法违规行为的概率降低，违法违规行为减少。

5.3　研究设计

5.3.1　数据与样本

本书选取 2007—2017 年在沪市的 A 股上市公司作为研究样本，之所以没有将深市公司纳入，研究"沪港通"与"深港通"的治理作用，是因为"深港通"于 2016 年 12 月 5 日开通，距搜集数据时仅有一年完整数据可用，无法有效评价其对公司违法违规行为的治理作用。依据惯例，本书在样本中剔除了证监会所规定的金融类上市公司，同时还根据以下标准剔除了部分观测值：①2014 年后 IPO 的公司；②ST 或 * ST 公司；③当年被调出"沪港通"标的名单的公司年度观测值；④变量缺失样本。为弱化极端值的影响，本书对连续变量按照 1% 的标准进行缩尾处理。本书所有数据均来自国泰安经济金融研究数据库。

5.3.2　模型设定

首次进入"沪港通"试点范围的是上证 180 指数、上证 380 指数的成分股，以及上海证券交易所上市的 A+H 股公司的股票共 568 只，后经数次调整，数量逐渐稳定维持在 650 只左右。可见，"沪港通"处理组进入实验期的时间不同，无法按照经典 DID 模型设置实验期变量（post）。为此，本书借鉴贝克等（Beck et al.，2010）的多期 DID 分析方法，采用多期 DID 模型，其基本形式如下：

$$Y_{it} = \alpha + \beta D_{it} + \gamma X_{it} + A_i + B_t + \varepsilon_{it} \qquad (5-1)$$

在式（5-1）中，Y_{it} 表示公司 i 在 t 年的违法违规状况，本书分别使用是否违法违规（fraud）和违法违规次数（freq）来表示 Y_{it}。A_i 和 B_t 表示公司和年度固定效应，X_{it} 是一系列控制变量，ε_{it} 是残差项。D_{it} 是本书主要关注的变量"沪港通"，它是虚拟变量，若公司 i 在 t 年的状态为"沪港通"开启，能够实现互联互通，则取值为 1，否则为 0。因此，回归系数 β 反映了核心解释变量"沪港通"对公司违法违规行为的影响，是本书主要关注的实证结果，若 β 为负，则表明"沪港通"能显著减少公司的违法违规行为。该 DID 模型在很大程度上解决了遗漏变量问题，设置年度固定效应可以控制随时间而变的政策行情、经济周期、法律体制等因素对公司违法违规行为的影响。而设置公司固定效应则可以控制不随时间改变的公司特征对公司违法违规行为的影响。需要特别说明的是，公司固定效应 A_i 已包含了经典 DID 模型中的处理组变量 $Treat$，而年度固定效应 B_t 已包含经典 DID 模型中的实验期变量 $Post$。在实际回归过程中，针对虚拟变量 fraud，使用 Logit 固定效应模型；针对计数变量 freq，使用 Poisson 泊松固定效应模型[①]。

5.3.3　变量说明

本书的核心变量是公司违法违规行为。在 CSMAR 数据库的违法违规行为处理子库中，违法违规行为数据是按照违法违规行为排列的截面数据，虽然数据中包括处理文件日期和公告日期，但是违法违规行为并不一定发生在被稽查发现的当年，因此我们按照另一字段"违法违规行为年度"将该数据整理为包含公司年度的面板数据。若公司在某一年度违法违规，则违法违规倾向（fraud）取值为 1，否则为 0。按照某一年份在某公司所有违法违规行为的"违法违规行为年度"中出现的次数，定义变量违法违规次数 freq。

本书的主要解释变量是"沪港通"。定义 open 为虚拟变量，若公司 i 在 t 年实行"沪港通"制度，则取值为 1，否则为 0。此外，参考已有的研究（Khanna et al.，2015；陆瑶 等，2012），本书控制了其他可能影响公司违法违规行为的因素，包括外部审计（audit）、机构投资者持股（inssh）、分析师跟踪（analyst）、公司规模（size）、股票年收益率（ret）、高管持股比例（excuh）、产权性质（state）、独立董事比例（indr）、董事会规模（bdsize）、董事会会议次数（meeting）、股权集中度（owncon）、两职合一（plu）、股价同步性（syn）、资产负债率（lev）、上市年限（age）、收入增长率（grow）、行业信心（tqmed）、年换手率（turnover）、年波动率（volat）。本书模型中所用到的主要变量及其具体定义如表 5-1 所示。

---

① 使用固定效应模型原因有二：其一，多期 DID 模型的设置必须使用公司、年度双向固定效应模型；其二，本书经过豪斯曼检验发现，固定效应模型优于随机效应和混合模型。

表 5-1　变量定义

变量名称	变量符号	变量说明
主要变量		
违法违规倾向	fraud	虚拟变量，公司存在违法违规行为时取值为 1，否则为 0
违法违规次数	freq	计数变量，公司当年的违法违规次数
"沪港通"	open	虚拟变量，公司当年实行"沪港通"制度则取值为 1，否则为 0
控制变量		
审计质量	audit	虚拟变量，审计师为"国际四大"之一则取 1，否则取 0
机构投资者持股	inssh	年末机构投资者持股数量合计/总股本
分析师跟踪	analyst	跟踪分析上市公司的分析师人数
公司规模	size	总资产的自然对数
股票年收益率	ret	年个股回报率
高管持股比例	excuh	高管持股比例与 A 股流通股数的比值
产权性质	state	虚拟变量，如企业为国有企业则取值为 1，否则为 0
独立董事比例	indr	独立董事人数除以董事会人数
董事会规模	bdsize	年末董事会人数取对数
董事会会议次数	meeting	董事会会议次数取对数
股权集中度	owncon	年末前五大股东持股数量合计/总股本
两职合一	plu	董事长、总经理两职合一时取 1，否则取 0
股价同步性	syn	参考 Jin 和 Myers（2006）的方法计算的股价同步性
资产负债率	lev	期末负债总额/期末资产总计
上市年限	age	成为上市公司的年限取对数
收入增长率	grow	（本年营业收入-上年营业收入）/上年营业收入
行业信心	tqmed	年末同行业所有公司 Tobinq 的中位数
年换手率	turnover	流通股年换手率
年波动率	volat	股票当年日收益率的标准差

5.4 实证结果与分析

5.4.1 描述性统计

各变量的描述性统计结果见表 5-2。其中 Panel A 是全样本的统计数据，对应各变量分别报告了均值、标准差、最小值、中位数、最大值统计量。公司违法违规（fraud）的平均值是 0.154，说明在所有的公司年度观测值中，有 15.4% 的被稽查发现违法违规行为观测值。Panel B 是针对"沪港通"开启后的分样本统计数据（2015—2017 年），第（6）、（7）两列分别针对违法违规和无违法违规样本，报告了各变量的均值。第（8）列报告了违法违规和无违法违规样本的各变量均值之差，从中不难看到，违法违规样本的 open 变量值显著低于无违法违规样本，这与本书的结论相符，即"沪港通"机制能够发挥外部治理作用，公司在成为"沪港通"标的后，更加约束自己的违法违规行为。当然，由于证监会在选择"沪港通"标的时会遵照一定的标准，被选中的公司可能本来就经营状况良好且违法违规较少，本书的结论可能会受到选择性偏差问题的干扰，因此下文将利用 PSM 方法对该问题进行校正。

表 5-2　全样本、违法违规样本及无违法违规样本的描述性统计结果

变量	Panel A：全样本					Panel B：分样本		
	均值	标准差	最小值	中位数	最大值	违法违规	无违法违规	（6）-（7）
	（1）	（2）	（3）	（4）	（5）	（6）	（7）	（8）
fraud	0.154	0.361	0.000	0.000	1.000			
freq	0.216	0.615	0.000	0.000	10.000			
open	0.210	0.407	0.000	0.000	1.000	0.450	0.604	-0.154***
audit	0.100	0.301	0.000	0.000	1.000	0.050	0.127	-0.077***
inssh	0.209	0.226	0.000	0.120	0.843	0.300	0.362	-0.062***
analyst	7.174	9.002	0.000	3.000	38.000	4.553	7.026	-2.473***
size	22.437	1.395	19.570	22.256	26.466	22.466	22.991	-0.525***
ret	0.311	0.813	-0.714	0.066	3.413	0.214	0.112	0.102***

表5-2(续)

变量	Panel A：全样本					Panel B：分样本		
	均值	标准差	最小值	中位数	最大值	违法违规	无违法违规	(6)-(7)
	（1）	（2）	（3）	（4）	（5）	（6）	（7）	（8）
excuh	0.006	0.030	0.000	0.000	0.225	0.007	0.008	−0.000
state	0.675	0.468	0.000	1.000	1.000	0.493	0.670	−0.176***
indr	0.368	0.051	0.273	0.333	0.556	0.374	0.373	0.001
bdsize	2.306	0.181	1.792	2.303	2.773	2.260	2.281	−0.021*
meeting	2.296	0.341	1.609	2.303	3.178	2.415	2.350	0.065***
owncon	0.181	0.127	0.014	0.154	0.566	0.143	0.181	−0.038***
plu	0.120	0.325	0.000	0.000	1.000	0.180	0.138	0.042*
syn	−0.186	0.881	−2.864	−0.105	1.514	−0.037	−0.136	0.099
lev	0.516	0.193	0.092	0.522	0.925	0.523	0.497	0.025**
age	2.576	0.447	1.099	2.708	3.219	2.807	2.810	−0.003
grow	0.523	1.667	−0.795	0.120	12.036	0.535	0.556	−0.022
tqmed	2.200	0.740	1.161	1.978	4.190	2.744	2.483	0.261***
turnover	2.445	1.724	0.222	1.989	7.570	3.113	2.233	0.880***
volat	0.031	0.010	0.013	0.029	0.054	0.038	0.031	0.006***
N	8 050	8 050	8 050	8 050	8 050	300	1 741	

控制变量的结果显示，相较于没有违法违规的公司，违法违规公司更少选择四大会计师事务所作为外部审计，机构投资者持股更少，跟踪的分析师人数也更少，规模更小，股票年收益率更高，更多的是非国有企业，董事会的人数更少，董事会会议次数更多，股权集中度更低，董事长和总经理二职合一的情况更多，更高的负债率，行业信心更强，股票的年换手率和年波动率都更大。

5.4.2 "沪港通"对公司违法违规行为的影响

"沪港通"对公司违法违规行为影响的实证结果见表5-3，其中第（1）、（2）两列为使用固定效应模型所得到的结果，为本书的主检验。第（1）、（2）两列的被解释变量分别是违法违规倾向（fraud）和违法违规次数（freq），解释变量是"沪港通"（open）。实证结果表明，open 在 1%的

显著性水平上与违法违规倾向（fraud）负相关，说明成为"沪港通"标的
后，上市公司的违法违规概率降低，违法违规倾向下降；在1%的显著性
水平上与违法违规次数（freq）负相关，说明成为"沪港通"标的后，上
市公司违法违规次数下降，违法违规行为减少。这些实证结果支持了本书
的假设5-1，即成为"沪港通"标的后，公司的违法违规概率降低，违法
违规行为减少。

作为对照，表5-3中第（3）、（4）为使用混合回归模型所得的结果。
需要说明的是，由于没有控制公司固定效应，因此为符合双重差分模型的
设定，在回归过程中加入了实验组变量treat，它是虚拟变量，若公司在样
本期间进入过"沪港通"标的名单，则取值为1，否则为0。结果显示，
在控制年度和行业效应后，open的系数依然显著为负，说明在成为"沪港
通"标的后，公司的违法违规倾向和违法违规次数均显著下降。从表5-3
可以看到，"沪港通"对公司的违法违规行为具有明显的治理效果，降低
了公司违法违规概率，减少了公司违法违规行为。

表5-3 "沪港通"对公司违法违规行为影响的实证结果

变量	（1）	（2）	（3）	（4）
	Xtlogit	Xtpoisson	Logit	Poisson
	fraud	freq	fraud	freq
open	−0.436 ***	−0.374 ***	−0.270 **	−0.204 **
	(−2.797)	(−3.535)	(−2.107)	(−2.137)
treat			0.047	−0.069
			(0.565)	(−1.097)
audit	−0.040	−0.111	−0.395 **	−0.373 ***
	(−0.111)	(−0.421)	(−2.470)	(−2.809)
inssh	−0.228	−0.165	−0.407 **	−0.514 ***
	(−0.767)	(−0.763)	(−2.150)	(−3.444)
analyst	−0.024 ***	−0.027 ***	−0.019 ***	−0.022 ***
	(−2.850)	(−4.238)	(−3.468)	(−5.128)
size	0.305 ***	0.341 ***	−0.130 ***	−0.094 ***
	(2.915)	(4.959)	(−3.148)	(−3.124)
ret	−0.088	−0.064	−0.126	−0.140 **
	(−0.996)	(−1.010)	(−1.631)	(−2.351)
excuh	−3.324	−1.646	0.029	0.375
	(−1.484)	(−1.083)	(0.028)	(0.527)

表5-3(续)

变量	(1) Xtlogit fraud	(2) Xtpoisson freq	(3) Logit fraud	(4) Poisson freq
state	−0.271 (−1.013)	−0.075 (−0.417)	−0.324*** (−4.364)	−0.291*** (−5.238)
indr	0.272 (0.209)	0.156 (0.190)	0.962 (1.360)	0.997* (1.882)
bdsize	0.031 (0.066)	0.383 (1.215)	0.293 (1.380)	0.198 (1.233)
meeting	0.109 (0.697)	0.014 (0.129)	0.307*** (3.018)	0.348*** (4.598)
owncon	−2.646*** (−3.106)	−2.316*** (−3.923)	−1.598*** (−4.755)	−1.551*** (−5.908)
plu	0.253* (1.709)	0.087 (0.924)	0.186* (1.950)	0.146** (2.103)
syn	−0.059 (−1.001)	−0.024 (−0.620)	−0.114** (−2.434)	−0.128*** (−3.742)
lev	0.673* (1.738)	0.304 (1.233)	1.394*** (7.080)	1.173*** (8.361)
age	−1.205*** (−2.624)	−0.485 (−1.395)	−0.230** (−2.483)	−0.189*** (−2.659)
grow	−0.049* (−1.838)	−0.030* (−1.809)	−0.037* (−1.761)	−0.020 (−1.351)
tqmed	0.155 (1.146)	0.025 (0.271)	0.230** (2.032)	0.185** (2.145)
turnover	−0.022 (−0.518)	0.007 (0.252)	0.025 (0.828)	0.013 (0.596)
volat	38.554*** (3.322)	18.716** (2.519)	25.570*** (2.859)	22.852*** (3.461)
constant			−2.607** (−2.252)	−2.470*** (−2.881)
固定效应	公司, 年度	公司, 年度	年度, 行业	年度, 行业
L-likelihood	−1 601.446	−2 347.750	−3 184.517	−4 407.731
Wald chi^2	199.61	242.86	528.77	896.61
R^2	0.06		0.08	0.09

表5-3(续)

变量	（1）	（2）	（3）	（4）
	Xtlogit	Xtpoisson	Logit	Poisson
	fraud	freq	fraud	freq
observations	4 532	4 574	8 012	8 050

注：第（1）列模型在运行过程中由于因变量不变（全部为 1 或 0）而删除了 400 组，共 3 518 个观测值；第（2）列模型在运行过程中由于因变量全体为 0 而删除了 392 组，共 3 476 个观测值，下文类似；Xtlogit 表示固定效应的 Logit 模型，Xtpoisson 表示固定效应的 Poisson 模型。

5.4.3 影响机制分析

5.4.3.1 影响机制：信息渠道

如前所述，"沪港通"影响违法违规成本的途径之一是通过引入更成熟的投资者、更多的分析师等，从而改善公司信息环境，提高违法违规行为被发现的概率（p）。因此，本书推测公司的信息环境在"沪港通"影响公司违法违规行为的过程中既具有调节作用，又具有中介作用。

一方面，公司原来的信息环境会影响"沪港通"机制发挥作用的空间。当公司本身信息环境较差、信息透明度较低时，外界缺少了解公司情况的途径，投资者信息缺口大，公司发生违法违规行为后被发现的可能性较低，因此公司违法违规的现象可能就比较严重，治理违法违规行为的空间较大，此时"沪港通"对公司违法违规行为的约束作用会更加明显。相比之下，若公司原本信息就很透明，管理层和大股东本身就能受到很好的制约，那么此时"沪港通"作为一种替代的外部制约机制，发挥作用的空间就会较小。参照以往的研究（Bushman et al., 2004；钟覃琳、陆正飞，2018），本书使用分析师跟踪数量作为信息环境的代理变量。基于此，本书做出如下推断：

推断 5-1a："沪港通"对公司违法违规行为的治理作用受信息透明度的影响，在分析师跟踪较少的公司中，"沪港通"对违法违规行为的治理作用更加明显。

另一方面，股票市场开放能够大大改善公司的信息环境（Bae et al., 2006），导致分析师的数量增加（Kim & Cheong, 2015），从而使坏消息更容易被发现，提高公司违法违规行为被发现的概率（p）。也就是说，"沪港通"可通过增加分析师数量，从而提高公司的违法违规成本（$c = p \times F$），降低其违法违规的概率和次数。基于此，本书做出如下推断：

推断5-1b：分析师跟踪是"沪港通"影响公司违法违规行为的中介变量。

参照以往的研究（Bushman et al.，2004；钟覃琳、陆正飞，2018），本书采用分析师跟踪数量来衡量公司的信息环境。本书通过"沪港通"（open）和分析师跟踪数量（analyst）的交叉项 open×analyst 来比较不同的信息环境下，"沪港通"对公司违法违规行为的治理效果是否具有显著差异，具体结果见表5-4。

从表5-4第（1）、（2）两列可以看到，交叉项 short×analyst 的系数显著，说明"沪港通"对公司违法违规行为的治理作用的确受到公司信息透明度的影响。进一步地，本书根据分析师跟踪数量的高低进行分组回归，回归结果见表5-4第（3）—（6）列。需要说明的是，由于"沪港通"机制本身对于公司的分析师跟踪数量存在影响（Bae et al.，2006；Kim & Cheong，2015），因此，本书使用公司加入"沪港通"标的前，公司分析师跟踪数量的行业均值作为分组依据。从第（3）—（6）列可以看到，解释变量 open 在原本分析师人数较多的一组中，对违法违规倾向（fraud）和违法违规次数（freq）的影响虽然为负，但都不显著；而在原本分析师人数较少的一组中，对违法违规倾向和违法违规次数的影响均显著为负。这说明在信息透明度较低（分析师人数较少）的公司，"沪港通"能抑制公司违法违规倾向、减少违法违规行为；而在信息透明度较高（分析师人数较多）的公司，"沪港通"作为一种替代性的治理机制，发挥的治理作用有限。除此之外，本书还使用分析报告数量作为信息环境的代理变量，结果与分析师跟踪数量一致。以上结果支持了本书的推断5-1a，即"沪港通"对公司违法违规行为的治理作用受信息环境的影响，在分析师跟踪较少的公司中，"沪港通"对违法违规行为的治理作用更加明显。

表5-4　在不同信息环境下"沪港通"对公司违法违规行为的影响

变量	(1)	(2)	(3)	(4)	(5)	(6)
	交叉效应		分析师人数较多组		分析师人数较少组	
	fraud	freq	fraud	freq	fraud	freq
open	-0.365^{**}	-0.353^{***}	-0.327	-0.191	-0.410^{*}	-0.344^{**}
	(-2.103)	(-3.031)	(-0.406)	(-0.400)	(-1.921)	(-2.453)

表5-4(续)

变量	(1)	(2)	(3)	(4)	(5)	(6)
	交叉效应		分析师人数较多组		分析师人数较少组	
	fraud	freq	fraud	freq	fraud	freq
analyst	−0.025***	−0.026***				
	(−2.728)	(−3.795)				
open×analyst	−0.030**	−0.024**				
	(−2.307)	(−2.472)				
audit	−0.053	−0.098	0.938	0.345	−0.638	−0.333
	(−0.138)	(−0.351)	(1.255)	(0.602)	(−1.070)	(−0.852)
inssh	−0.342	−0.337	−1.107	−1.081*	−0.310	−0.424
	(−1.052)	(−1.415)	(−1.498)	(−1.846)	(−0.778)	(−1.465)
size	0.315***	0.345***	−0.309	−0.254	0.292**	0.323***
	(2.608)	(4.435)	(−0.718)	(−0.750)	(2.081)	(3.745)
ret	−0.081	−0.055	0.132	0.023	−0.108	−0.049
	(−0.850)	(−0.808)	(0.566)	(0.123)	(−0.942)	(−0.631)
excuh	−3.861	−1.167	−9.533*	−10.504**	−4.465	−0.915
	(−1.453)	(−0.688)	(−1.653)	(−2.243)	(−1.449)	(−0.502)
state	−0.061	−0.007	−0.871	0.299	0.022	−0.023
	(−0.205)	(−0.033)	(−0.627)	(0.278)	(0.067)	(−0.106)
indr	0.549	0.358	−6.882*	−3.007	1.828	0.526
	(0.395)	(0.404)	(−1.770)	(−1.026)	(1.103)	(0.525)
bdsize	−0.108	0.264	0.509	0.325	−0.241	0.360
	(−0.214)	(0.781)	(0.426)	(0.393)	(−0.393)	(0.893)
meeting	0.098	−0.067	−0.041	−0.034	0.142	−0.068
	(0.584)	(−0.594)	(−0.111)	(−0.116)	(0.704)	(−0.526)
owncon	−2.329**	−2.427***	−3.911	−4.109**	−1.960*	−2.491***
	(−2.466)	(−3.663)	(−1.539)	(−2.281)	(−1.706)	(−3.232)
plu	0.113	0.126	0.508	0.725**	0.142	0.123
	(0.696)	(1.208)	(1.242)	(2.165)	(0.737)	(1.039)
syn	−0.088	−0.073*	0.116	0.118	−0.130*	−0.098**
	(−1.393)	(−1.722)	(0.778)	(0.992)	(−1.695)	(−1.991)
lev	0.800*	0.372	1.991	0.984	0.882*	0.425
	(1.834)	(1.328)	(1.463)	(0.986)	(1.749)	(1.383)

表5-4(续)

变量	(1)	(2)	(3)	(4)	(5)	(6)
	交叉效应		分析师人数较多组		分析师人数较少组	
	fraud	freq	fraud	freq	fraud	freq
age	−1.419**	−0.539	−3.506**	−2.738**	−1.131	−0.294
	(−2.390)	(−1.218)	(−2.550)	(−2.493)	(−1.447)	(−0.517)
grow	−0.043	−0.024	0.068	0.046	−0.056*	−0.029
	(−1.412)	(−1.321)	(0.694)	(0.599)	(−1.663)	(−1.466)
tqmed	0.202	0.037	0.128	−0.075	0.114	0.017
	(1.371)	(0.372)	(0.363)	(−0.271)	(0.616)	(0.144)
turnover	−0.006	0.005	0.264*	0.211**	−0.057	−0.023
	(−0.119)	(0.141)	(1.948)	(2.058)	(−1.039)	(−0.642)
volat	26.248**	14.313*	−0.556	−13.911	33.708**	16.553*
	(2.090)	(1.747)	(−0.020)	(−0.653)	(2.175)	(1.758)
固定效应	公司,年度	公司,年度	公司,年度	公司,年度	公司,年度	公司,年度
L-likelihood	−1 401.898	−2 046.778	−277.951	−376.952	−907.351	−1 408.002
Wald chi^2	179.54	227.75	74.01	62.27	114.79	155.30
observations	3 991	4 042	899	920	2 509	2 587

注：在交叉效应检验中，对所有连续型自变量均进行了中心化处理。由于豪斯曼检验结果显示固定效应模型优于混合模型，因此仅使用固定效应模型进行检验，不再将混合模型的结果作为对照展示。下文除个别表格外与此做相同处理。

接下来，本书进一步考察信息环境是否在"沪港通"影响违法违规行为的过程中发挥中介作用。借鉴温忠麟等（2004）提出的中介效应检验程序，本书进行以下几步检验：第一步，检验解释变量"沪港通"（open）对被解释变量违法违规倾向（fraud）和违法违规次数（freq）的回归系数，若显著则继续第二步，否则终止检验；第二步，检验"沪港通"（open）对分析师数量（analyst）的回归系数，若显著，则进行第三步；第三步，将分析师数量（analyst）纳入第一步的模型中，如果 analyst 和 open 的系数都显著，则说明存在部分中介效应，如果 analyst 系数显著而 open 系数不显著，则是完全中介效应；此外，如果第二步的 open 和第三步的 analyst 所得系数中有不显著的，则要做索贝尔检验以判断是否存在中介效应。

中介效应的检验结果见表5-5。实证结果表明，第一步，"沪港通"（open）对公司违法违规倾向（fraud）和违法违规次数（freq）的回归系数均显著，与上文一致；第二步，"沪港通"（open）与分析师跟踪数量

（analyst）显著正相关，说明成为"沪港通"标的后，公司的分析师跟踪数量显著上升，信息环境得到改善；第三步，"沪港通"（open）与分析师跟踪数量（analyst）的系数均显著，说明分析师跟踪数量在"沪港通"影响公司违法违规行为的过程中具有部分中介效应。除此之外，本书还使用分析报告替代分析师跟踪数量进行了上述检验，结果一致。以上结果支持了本书的推断 5-1b，即分析师跟踪是"沪港通"影响公司违法违规行为的中介变量。

表 5-5　信息环境的中介作用

变量	（1）	（2）	（3）	（4）	（5）
	第一步		第二步	第三步	
	fraud	freq	Analyst	fraud	freq
open	−0.413 ***	−0.350 ***	0.066 ***	−0.436 ***	−0.374 ***
	（−2.656）	（−3.322）	（2.589）	（−2.797）	（−3.535）
analyst				−0.024 ***	−0.027 ***
				（−2.850）	（−4.238）
audit	−0.066	−0.159	0.065 *	−0.040	−0.111
	（−0.181）	（−0.597）	（1.756）	（−0.111）	（−0.421）
inssh	−0.316	−0.272	0.269 ***	−0.228	−0.165
	（−1.070）	（−1.260）	（9.509）	（−0.767）	（−0.763）
size	0.247 **	0.296 ***	0.616	0.305 ***	0.341 ***
	（2.408）	（4.354）	（40.412）	（2.915）	（4.959）
ret	−0.093	−0.072	0.016	−0.088	−0.064
	（−1.057）	（−1.142）	（1.479）	（−0.996）	（−1.010）
excuh	−3.300	−1.613	0.212	−3.324	−1.646
	（−1.469）	（−1.058）	（0.596）	（−1.484）	（−1.083）
state	−0.263	−0.072	−0.422 ***	−0.271	−0.075
	（−0.983）	（−0.396）	（−8.414）	（−1.013）	（−0.417）
indr	0.231	0.099	−0.204	0.272	0.156
	（0.178）	（0.120）	（−1.399）	（0.209）	（0.190）
bdsize	0.009	0.322	0.108 **	0.031	0.383
	（0.020）	（1.019）	（2.014）	（0.066）	（1.215）
meeting	0.076	−0.019	0.173 ***	0.109	0.014
	（0.490）	（−0.185）	（9.011）	（0.697）	（0.129）

表5-5(续)

变量	(1)	(2)	(3)	(4)	(5)
	第一步		第二步	第三步	
	fraud	freq	Analyst	fraud	freq
owncon	-2.739***	-2.522***	0.359***	-2.646***	-2.316***
	(-3.221)	(-4.261)	(3.292)	(-3.106)	(-3.923)
plu	0.248*	0.077	-0.036*	0.253*	0.087
	(1.679)	(0.821)	(-1.750)	(1.709)	(0.924)
syn	-0.057	-0.023	-0.072***	-0.059	-0.024
	(-0.963)	(-0.578)	(-10.052)	(-1.001)	(-0.620)
lev	0.832**	0.463*	-1.466***	0.673*	0.304
	(2.176)	(1.905)	(-26.184)	(1.738)	(1.233)
age	-1.130**	-0.446	-0.149***	-1.205***	-0.485
	(-2.468)	(-1.289)	(-3.317)	(-2.624)	(-1.395)
grow	-0.047*	-0.029*	-0.022***	-0.049*	-0.030*
	(-1.742)	(-1.732)	(-4.534)	(-1.838)	(-1.809)
tqmed	0.135	0.005	0.013	0.155	0.025
	(0.998)	(0.052)	(0.840)	(1.146)	(0.271)
turnover	-0.018	0.011	-0.065***	-0.022	0.007
	(-0.431)	(0.374)	(-11.122)	(-0.518)	(0.252)
volat	36.165***	16.399**	17.161***	38.554***	18.716**
	(3.130)	(2.215)	(12.217)	(3.322)	(2.519)
固定效应	公司, 年度	公司, 年度	公司, 年度	公司, 年度	公司, 年度
L-likelihood	-1 605.575	-2 357.023	-18 122.875	-1 601.446	-2 347.750
Wald chi^2	191.35	227.13	5 534.69	199.61	242.86
observations	4 532	4 574	7 857	4 532	4 574

5.4.3.2 影响机制：公司治理渠道

"沪港通"机制影响公司违法违规行为的另一条途径是完善公司治理结构，从而对公司形成更好的监督，提高其违法违规成本。具体而言，相较于中国内地投资者，首先，境外投资者具有全球化的交易经验、更强的独立性、更先进的分析和沟通工具，能够对公司实行更好的监督（Khanna & Palepu，2000；Kim et al.，2016），提高公司违法违规行为被发现的概率（p）；其次，境外投资者的参与对公司施加了更大的高管被更换、公司被并购的压力（Stulz，1995；Lel & Miller，2008），增加了股东和管理层面临的市场竞争和犯错成本，加大了其违法违规行为被发现后所受的惩罚（F）力度，从而使监督的作用加强。显然，对于自身股权结构状况不同的公司，境外投资者的上述监督作用是不同的（Stulz，2005）。其原因在于：若"沪港通"的确能够通过境外投资者的监督作用影响公司的违法违规行为，则对于自身股权结构分散的公司而言，境外投资者的话语权更大，当违法违规行为被发现之后，开放市场对公司违法违规行为的惩罚会与由股权相对分散所带来的被并购等风险相互叠加和放大，从而对公司CEO和股东造成更大的打击；而对于股权较为集中甚至"一股独大"的上市公司而言，境外投资者可能难以撼动内部人控制的局面，无法实施有效的监督。因此，对于股权结构分散的公司而言，"沪港通"对公司违法违规行为的治理作用应该更加明显。基于此，本书做出如下推断：

推断 5-2a："沪港通"对公司违法违规行为的抑制作用在股权较为分散的公司中更加明显。

参照以往的研究（徐莉萍 等，2006），本书采用第一大股东持股比例（fsr）来衡量公司的股权集中程度。本书通过加入"沪港通"（open）和第一大股东持股比例（fsr）的交叉项 open×fsr 来检验"沪港通"对公司违法违规行为的治理作用是否受到股权集中度的影响，具体结果见表5-6。从表5-6第（1）、（2）两列可以看到，交叉项 open×fsr 的系数在因变量为违法违规次数（freq）时显著，而在因变量为违法违规倾向（fraud）时并不显著，说明股权集中度在"沪港通"对公司违法违规行为的治理作用中，仅对违法违规次数具有显著的调节作用。进一步地，本书以第一大股东持股比例的行业年度均值为依据，将研究对象分为股权相对集中和相对分散两个子样本，并进行分组检验。从表5-6第（3）—（6）列可以看到，解释变量 open 在股权相对分散的一组中，对违法违规倾向（fraud）和违法违规次数（freq）的影响均显著为负；而在股权相对集中的一组中，对违法违规倾向和违法违规次数的影响虽然为负，但都不显著。总的来说，上述结果支持了本书的推断5-2a，证明了资本市场开放能更有效地抑制股权分散公司的违法违规行为。

表 5-6　不同股权集中度下"沪港通"对公司违法违规行为的影响

变量	(1) 交叉效应 fraud	(2) 交叉效应 freq	(3) 股权相对集中组 fraud	(4) 股权相对集中组 freq	(5) 股权相对分散组 fraud	(6) 股权相对分散组 freq
open	−0.418*** (−2.672)	−0.351*** (−3.272)	−0.315 (−1.168)	−0.231 (−1.246)	−0.538** (−2.473)	−0.477*** (−3.274)
fsr	−0.015 (−0.764)	0.010 (0.839)				
open×fsr	0.007 (0.946)	0.008 (1.630)				
audit	−0.052 (−0.142)	−0.100 (−0.380)	0.620 (1.115)	0.688 (1.569)	−1.200* (−1.671)	−0.704* (−1.663)
inssh	−0.257 (−0.862)	−0.177 (−0.818)	−0.293 (−0.577)	0.140 (0.373)	−0.337 (−0.773)	−0.215 (−0.665)
analyst	−0.023*** (−2.698)	−0.026*** (−4.050)	−0.020 (−1.426)	−0.017 (−1.603)	−0.021* (−1.712)	−0.031*** (−3.330)
size	0.303*** (2.873)	0.351*** (5.085)	0.376* (1.691)	0.399** (2.525)	0.319** (2.247)	0.301*** (3.206)
ret	−0.090 (−1.029)	−0.064 (−1.013)	−0.047 (−0.320)	−0.012 (−0.111)	−0.108 (−0.914)	−0.122 (−1.490)
excuh	−3.331 (−1.479)	−1.750 (−1.150)	−14.288 (−1.261)	−16.618* (−1.740)	−2.323 (−0.825)	−1.562 (−0.800)
state	−0.264 (−0.985)	−0.088 (−0.489)	−15.166 (−0.021)	−14.299 (−0.032)	−0.499 (−1.644)	−0.284 (−1.334)
indr	0.288 (0.221)	0.130 (0.158)	0.507 (0.217)	0.534 (0.339)	0.448 (0.258)	−0.326 (−0.309)
bdsize	0.021 (0.045)	0.393 (1.241)	0.756 (0.920)	0.765 (1.315)	−0.027 (−0.040)	0.254 (0.595)
meeting	0.107 (0.685)	0.006 (0.060)	0.374 (1.393)	0.235 (1.216)	0.056 (0.264)	0.035 (0.255)
owncon	−0.953 (−0.375)	−3.837** (−2.244)	−2.035 (−1.303)	−3.167** (−2.501)	−2.533 (−0.920)	−2.512 (−1.384)
plu	0.251* (1.697)	0.081 (0.855)	0.282 (1.090)	0.246 (1.426)	0.105 (0.507)	0.118 (0.887)

表5-6(续)

变量	(1)	(2)	(3)	(4)	(5)	(6)
	交叉效应		股权相对集中组		股权相对分散组	
	fraud	freq	fraud	freq	fraud	freq
syn	-0.057	-0.025	0.028	0.016	-0.098	-0.031
	(-0.971)	(-0.634)	(0.278)	(0.234)	(-1.215)	(-0.612)
lev	0.693*	0.297	1.155	1.324**	0.626	0.280
	(1.786)	(1.207)	(1.492)	(2.348)	(1.226)	(0.873)
age	-1.208***	-0.560	-1.134	-0.433	-1.778**	-0.743
	(-2.619)	(-1.599)	(-1.586)	(-0.759)	(-2.445)	(-1.406)
grow	-0.049*	-0.031*	-0.051	-0.013	-0.068*	-0.030
	(-1.819)	(-1.825)	(-1.140)	(-0.410)	(-1.750)	(-1.374)
tqmed	0.169	0.036	0.101	0.106	0.171	-0.067
	(1.246)	(0.384)	(0.426)	(0.630)	(0.934)	(-0.537)
turnover	-0.017	0.013	-0.044	0.003	-0.009	0.025
	(-0.397)	(0.426)	(-0.617)	(0.062)	(-0.143)	(0.613)
volat	37.531***	18.013**	29.211	12.094	43.025***	22.914**
	(3.222)	(2.422)	(1.536)	(0.967)	(2.689)	(2.279)
固定效应	公司，年度	公司，年度	公司，年度	公司，年度	公司，年度	公司，年度
L-likelihood	-1 600.785	-2 345.898	-560.438	-790.561	-869.258	-1 317.550
Wald chi^2	200.93	246.74	107.38	133.07	117.48	135.55
observations	4 532	4 574	1 699	1 707	2 469	2 531

　　除股权集中度之外，股权性质也是反映公司股权结构的特征之一。国有企业的实际控制人为中央或地方各级人民政府及其所属国有资产管理机构，因此相对于民营企业而言，国有企业受到的政府干预较多，承担的社会责任较大，面临的市场竞争和融资约束更小，且国有企业的董事长通常是由政府任命的，不参与经理人市场的竞争，可见国有企业受股价波动和境外投资者的影响更小。因此，"沪港通"开启后，境外投资者对我国上市公司违法违规行为的监督作用在民营企业中应该更加明显。基于此，本书做出如下推断：

　　推断5-2b：相对于国有企业，"沪港通"对公司违法违规行为的抑制作用在民营企业中更加明显。

　　为检验推断5-2b，本章按照公司的产权性质（state）将样本分为国有企业（state = 1）和民营企业（state = 0）两组，并进行分组检验。实证结果见表 5-7，其中第（1）、（2）两列是国有企业，第（3）、（4）两列是民营企业。可以看到，解释变量 open 在国有企业组中，对违法违规倾向和违法违规次数的影响都不显著，而在民营企业组中，对违法违规倾向和违法违规次数均在 1% 的水平上显著负相关。进一步检验 open 的系数在两组之间的差异可以发现，两组中"沪港通"的回归系数差异均显著，说明了资本市场开放能更有效地抑制民营企业的违法违规行为，支持了本书的推断 5-2b。

表 5-7　在不同产权性质下"沪港通"对公司违法违规行为的影响

变量	（1）	（2）	（3）	（4）	（1）和（3）中 open 系数相同	（2）和（4）中 open 系数相同
	国有企业组		民营企业组			
	fraud	freq	fraud	freq		
open	−0.092	−0.157	−0.855***	−0.557***	p 值	p 值
	(−0.427)	(−1.048)	(−3.474)	(−3.410)	0.049	0.000
audit	0.332	0.166	−1.129	−0.418		
	(0.748)	(0.528)	(−1.300)	(−0.771)		
inssh	−0.135	−0.096	−0.300	−0.117		
	(−0.342)	(−0.326)	(−0.582)	(−0.327)		
analyst	−0.024*	−0.025***	−0.028**	−0.031***		
	(−1.956)	(−2.815)	(−2.134)	(−3.070)		
size	0.026	0.171	0.443***	0.361***		
	(0.152)	(1.435)	(2.835)	(3.555)		
ret	0.084	0.019	−0.332**	−0.148		
	(0.675)	(0.207)	(−2.386)	(−1.594)		
excuh	20.936	6.706	−4.178*	−1.039		
	(1.019)	(0.410)	(−1.646)	(−0.608)		
indr	0.979	0.933	−0.331	−0.875		
	(0.541)	(0.779)	(−0.162)	(−0.716)		
bdsize	−0.030	0.237	0.327	0.542		
	(−0.046)	(0.516)	(0.432)	(1.112)		
meeting	0.078	0.033	0.210	0.040		
	(0.369)	(0.226)	(0.831)	(0.245)		
owncon	−1.651	−1.763*	−4.431***	−3.711***		
	(−1.348)	(−1.869)	(−3.152)	(−4.164)		

表5-7(续)

变量	(1)	(2)	(3)	(4)	(1)和(3)中open系数相同	(2)和(4)中open系数相同
	国有企业组		民营企业组			
	fraud	freq	fraud	freq		
plu	0.286	0.001	0.260	0.181		
	(1.258)	(0.009)	(1.207)	(1.424)		
syn	0.032	0.030	−0.195**	−0.068		
	(0.394)	(0.535)	(−2.121)	(−1.198)		
lev	1.148**	0.771*	0.247	−0.136		
	(1.971)	(1.868)	(0.421)	(−0.405)		
age	−0.533	−0.008	−1.578**	−0.568		
	(−0.782)	(−0.015)	(−2.276)	(−1.119)		
grow	0.002	−0.003	−0.114***	−0.047**		
	(0.065)	(−0.139)	(−2.639)	(−1.968)		
tqmed	0.282	0.223*	−0.008	−0.177		
	(1.532)	(1.749)	(−0.037)	(−1.179)		
turnover	0.023	−0.001	−0.031	0.065		
	(0.379)	(−0.023)	(−0.481)	(1.536)		
volat	14.061	13.851	61.918***	18.917*		
	(0.854)	(1.217)	(3.495)	(1.808)		
固定效应	公司，年度	公司，年度	公司，年度	公司，年度		
L-likelihood	−885.282	−1281.786	−643.122	−967.440		
Wald chi^2	111.82	133.93	118.75	131.16		
observations	2564	2591	1838	1871		

注：第（1）列和第（3）列中open系数的组间差异是基于似无相关模型SUR的检验，而第（2）列和第（4）列中open系数的组间差异则使用费舍尔组合检验（重复抽样1000次），其原因是针对违法违规次数使用的固定效应泊松模型不适用于似无相关模型。

推断5-2a和推断5-2b的检验结果，说明"沪港通"对公司违法违规行为的治理作用会受到公司本身股权结构的影响，也说明随着资本市场开放而增加的境外投资者和市场竞争压力，能够对公司形成更好的监督，验证了"沪港通"的公司治理渠道效应。

5.5　内生性与稳健性检验

5.5.1　内生性检验

上文虽然证明了"沪港通"对公司违法违规行为的治理作用，但以上结果可能受到选择性偏差问题的影响，即"沪港通"标的的选取需满足一定条件①。因此，"沪港通"的处理组和控制组可能本身就存在差异，并导致两组公司违法违规倾向的不同。为解决样本选择性偏差问题，本书采用倾向性评分匹配（PSM）方法，为处理组构造出一组与之最为接近的新对照组。具体的构造方法如下：首先，样本区间仍然为 2007—2017 年，匹配前的控制组为没有进入过标的的沪市 A 股非金融公司。根据上证 180 指数和上证 380 指数的选样方法，整理出影响公司是否能成为"沪港通"标的股票的变量，具体包括上一期的流通市值占比、总市值占比、成交量占比、公司规模、财务杠杆、收入增长率、波动率以及年份和行业。其次，通过 Logit 回归得到每个观测值的倾向性评分。最后，采用最相邻匹配和半径匹配相结合的方法（半径为 0.01 的一对一重复匹配）进行控制组的选取和匹配，得到基于 PSM 方法的匹配样本。

倾向得分匹配法是否能够校正选择偏差，关键在于处理组和控制组的样本匹配质量。在对比了各种方法的平衡性和共同支撑效果之后，本书选择半径为 0.01 的最近邻一对一重复匹配方法。其平衡性效果见表 5-8。从中不难看到，匹配后的两组特征变量均值差异均显著下降，同时，标准化差异绝对值除公司规模和波动率略高于 10% 外，其他变量均降至 10% 以内。因此，从统计学上来讲，该匹配较好地满足了平衡性假设。同时，该匹配没有样本落在共同支撑域外，很好地满足了共同支撑假设。

---

① 根据《上海证券交易所"沪港通"业务实施办法》第十六条的规定，沪股通股票包括以下范围内的股票：上证 180 指数成分股、上证 380 指数成分股、A+H 股上市公司的本所上市 A 股。

表 5-8　PSM 倾向得分匹配平衡性效果

变量	样本	均值差异检验			标准化差异检验	
		处理组	对照组	T 检验	标准化差异	降幅/%
流通市值	匹配前	0.001 2	0.000 3	10.11***	28.50	99.60
	匹配后	0.001 2	0.001 2	−0.05	−0.10	
总市值	匹配前	0.001 1	0.000 2	8.62***	24.30	62.10
	匹配后	0.001 1	0.000 8	4.69***	9.20	
成交量	匹配前	0.001 2	0.000 8	12.78***	34.70	80.20
	匹配后	0.001 2	0.001 3	−3.01***	−6.90	
公司规模	匹配前	22.576	21.626	29.97***	76.50	83.70
	匹配后	22.576	22.421	6.34***	12.50	
财务杠杆	匹配前	0.508 0	0.528 4	−4.47***	−10.60	21.00
	匹配后	0.508 0	0.524 1	−4.42**	−8.40	
收入增长率	匹配前	0.427 1	0.637 7	−5.41***	−12.30	32.30
	匹配后	0.427 1	0.284 5	5.87***	8.30	
波动率	匹配前	0.030 7	0.032 3	−7.33***	−17.70	34.50
	匹配后	0.030 7	0.031 8	−5.98***	−11.60	

基于 PSM 倾向得分匹配样本的回归结果见表 5-9。其中，第（1）、（2）两列为固定效应模型的回归结果，作为对照，第（3）、（4）两列为混合模型的回归结果。从表 5-9 可以看到，经过 PSM 倾向得分匹配后，open 在各个模型中的回归系数仍然显著为负，这些结果与表 5-3 保持一致。

表 5-9　"沪港通"对公司违法违规行为的影响——基于 PSM 样本的回归结果

变量	(1)	(2)	(3)	(4)
	Xtlogit	Xtpoisson	Logit	Poisson
	fraud	freq	fraud	freq
open	−0.554***	−0.410***	−0.426***	−0.275**
	(−2.692)	(−3.004)	(−2.703)	(−2.355)
treat			0.144	−0.022
			(1.384)	(−0.286)
audit	0.055	−0.006	−0.484***	−0.415***
	(0.135)	(−0.020)	(−2.687)	(−2.764)

表5-9(续)

变量	(1) Xtlogit fraud	(2) Xtpoisson freq	(3) Logit fraud	(4) Poisson freq
inssh	−0. 355 (−0. 994)	−0. 272 (−1. 012)	−0. 458 ** (−2. 081)	−0. 534 *** (−3. 022)
analyst	−0. 028 *** (−2. 951)	−0. 028 *** (−3. 873)	−0. 021 *** (−3. 557)	−0. 024 *** (−5. 070)
size	0. 041 (0. 286)	0. 172 * (1. 775)	−0. 159 *** (−3. 126)	−0. 137 *** (−3. 541)
ret	−0. 149 (−1. 397)	−0. 068 (−0. 863)	−0. 143 (−1. 568)	−0. 127 * (−1. 787)
excuh	−2. 607 (−0. 883)	−2. 199 (−1. 113)	−0. 016 (−0. 014)	0. 699 (0. 869)
state	0. 120 (0. 340)	0. 146 (0. 608)	−0. 252 *** (−2. 903)	−0. 202 *** (−3. 037)
indr	0. 774 (0. 500)	0. 446 (0. 446)	1. 285 (1. 603)	1. 291 ** (2. 115)
bdsize	0. 380 (0. 676)	0. 569 (1. 502)	0. 321 (1. 335)	0. 244 (1. 322)
meeting	0. 189 (0. 995)	−0. 005 (−0. 039)	0. 287 ** (2. 439)	0. 376 *** (4. 163)
owncon	−1. 529 (−1. 494)	−1. 238 * (−1. 685)	−1. 752 *** (−4. 539)	−1. 575 *** (−5. 168)
plu	0. 081 (0. 428)	0. 072 (0. 575)	0. 113 (0. 989)	0. 109 (1. 287)
syn	−0. 097 (−1. 347)	−0. 077 (−1. 582)	−0. 108 * (−1. 941)	−0. 127 *** (−3. 050)
lev	0. 912 * (1. 744)	0. 451 (1. 279)	1. 572 *** (6. 243)	1. 377 *** (7. 297)
age	−1. 316 ** (−2. 018)	−0. 590 (−1. 227)	−0. 285 *** (−2. 581)	−0. 283 *** (−3. 321)
grow	−0. 008 (−0. 209)	−0. 010 (−0. 448)	−0. 034 (−1. 242)	−0. 014 (−0. 671)

表5-9(续)

变量	（1）	（2）	（3）	（4）
	Xtlogit	Xtpoisson	Logit	Poisson
	fraud	freq	fraud	freq
tqmed	0.312*	0.131	0.317**	0.225**
	（1.954）	（1.180）	（2.462）	（2.246）
turnover	0.018	0.015	0.009	0.004
	（0.329）	（0.390）	（0.238）	（0.145）
volat	27.143*	15.481	21.617**	16.367**
	（1.938）	（1.628）	（2.079）	（2.067）
constant			−2.607**	−2.470***
			（−2.252）	（−2.881）
固定效应	公司，年度	公司，年度	年度，行业	年度，行业
L-likelihood	−1 094.36	−1 558.24	−2 418.85	−3 256.13
Wald chi^2	153.60	170.81	392.80	623.90
R^2	0.07		0.08	0.09
observations	3 206	3 255	6 365	6 389

5.5.2 稳健性检验

5.5.2.1 变换模型设定

为增强实证结果的稳健性，本书对回归模型进行以下变换：

首先，将模型中的自变量当期值全部替换为滞后一期值，即使用式（5-2）的模型进行回归，以缓解可能存在的反向因果问题。回归结果见表5-10的 Panel A，从第（1）、（2）两列可以看到，解释变量 open 对两个因变量的回归系数均在5%的水平上显著为负，与本书主检验结论一致。

$$Y_{it} = \alpha + \beta D_{it-1} + \gamma X_{it-1} + A_i + B_t + \varepsilon_{it} \qquad (5-2)$$

其次，将因变量的滞后一期值加入控制变量中，即使用式（5-3）的模型进行回归。公司的违法违规行为可能具有一定的惯性，即上期存在违法违规行为的公司很有可能在本期还会继续违法违规，上期违法违规次数较多的公司，很可能本期的违法违规次数也较多。回归结果见表5-10的 Panel B。从第（3）、（4）两列可以看到，违法违规倾向上期值（lfraud）和违法违规次数上期值（lfreq）的回归系数显著为正，证明公司的违法违规行为的确存在惯性，而此时解释变量 open 的系数依然显著为负，进一步证明了"沪港通"对违法违规行为的治理作用。

$$Y_{it} = \alpha + \beta D_{it} + \delta Y_{it-1} + \gamma X_{it} + A_i + B_t + \varepsilon_{it} \qquad (5-3)$$

表 5-10　稳健性检验——变换模型设定

变量	Panel A：自变量滞后一期		Panel B：控制变量中加入因变量上期值	
	Xtlogit	Xtpoisson	Logit	Poisson
	fraud	freq	fraud	freq
open	−0.436**	−0.341**	−0.412**	−0.351***
	(−2.251)	(−2.530)	(−2.316)	(−2.941)
lfraud			0.629***	
			(7.098)	
lfreq				0.183***
				(6.735)
audit	−0.294	−0.197	−0.005	−0.065
	(−0.705)	(−0.615)	(−0.013)	(−0.216)
inssh	−0.299	−0.205	−0.242	−0.229
	(−0.748)	(−0.700)	(−0.724)	(−0.944)
analyst	−0.025**	−0.027***	−0.025***	−0.025***
	(−2.567)	(−3.775)	(−2.637)	(−3.619)
size	0.266**	0.321***	0.281**	0.294***
	(2.041)	(3.754)	(2.163)	(3.544)
ret	−0.023	0.014	−0.121	−0.093
	(−0.236)	(0.200)	(−1.094)	(−1.210)
excuh	−3.596	0.960	−2.734	0.149
	(−1.180)	(0.453)	(−0.996)	(0.086)
state	0.110	0.167	0.068	0.012
	(0.345)	(0.804)	(0.210)	(0.058)
indr	−1.750	−0.879	0.640	0.140
	(−1.170)	(−0.938)	(0.420)	(0.148)
bdsize	−0.238	0.386	−0.140	0.139
	(−0.442)	(1.070)	(−0.258)	(0.386)
meeting	−0.233	−0.142	0.128	−0.068
	(−1.316)	(−1.186)	(0.724)	(−0.579)
owncon	−1.028	−1.592**	−1.640	−1.804***
	(−1.038)	(−2.248)	(−1.623)	(−2.581)

表5-10（续）

变量	Panel A：自变量滞后一期		Panel B：控制变量中加入因变量上期值	
	Xtlogit	Xtpoisson	Logit	Poisson
	fraud	freq	fraud	freq
plu	0.141	0.097	0.098	0.129
	(0.801)	(0.869)	(0.565)	(1.207)
syn	−0.085	−0.033	−0.083	−0.065
	(−1.271)	(−0.724)	(−1.266)	(−1.482)
lev	0.216	0.111	0.650	0.076
	(0.453)	(0.361)	(1.373)	(0.252)
age	−1.071*	−0.302	−1.279*	−0.592
	(−1.956)	(−0.741)	(−1.899)	(−1.204)
grow	0.018	−0.005	−0.036	−0.016
	(0.647)	(−0.298)	(−1.144)	(−0.853)
tqmed	0.235	0.160	0.194	0.049
	(1.481)	(1.396)	(1.231)	(0.462)
turnover	−0.067	−0.015	−0.022	−0.000
	(−1.358)	(−0.450)	(−0.436)	(−0.009)
volat	−0.307	−4.539	28.966**	13.049
	(−0.023)	(−0.531)	(2.193)	(1.552)
固定效应	公司，年度	公司，年度	年度，行业	年度，行业
L-likelihood	−1 279.835	−1 890.978	−1 249.589	−1 861.263
Wald chi^2	133.31	172.87	193.80	229.84
observations	3 598	3 644	3 598	3 644

5.5.2.2 变换样本区间

"沪港通"的开通时间是2014年，而本书的样本区间为2007—2017年，考虑到前后时段的不对称性可能影响回归系数估计，本书选取"沪港通"开通前后对称的区间（2010—2017年）进行稳健性检验，回归结果见表5-11的 Panel A。从第（1）、（2）两列可以看到，解释变量 open 的系数依然显著为负，说明本书结论对不同样本区间的选择具有稳健性。

5.5.2.3 变换样本范围

本书的研究结论是"沪港通"通过引入境外投资者，有助于对标的公司形成更好的监督，从而减少标的公司的违法违规行为。然而在"沪港通"之前，境外投资者已经通过 B 股市场、合格境外机构投资者（QFII）机制以及"A+H"交叉上市等渠道参与了中国的股票市场，相关股票的上市公司在"沪港通"之前，可能已经受到了境外投资者在完善监管制度和改善信息环境、优化治理结构等方面的影响，而前文研究并未排除这些事前外资持股的影响。此外，我国于 2010 年启动的融券卖空机制，改变了投资者无法通过负面信息获利的状况（Miller，1977），结束了中国证券交易机制的单边市时代，使得市场上的投资者更加关注公司的负面消息，优化了市场对公司的监管环境（陈晖丽、刘峰，2014），抑制了上市公司的违法违规行为（孟庆斌 等，2019）。因此，为增强结论的稳健性，本书剔除"A+B""A+H"交叉上市，QFII 持股以及可融券卖空的公司样本，重新对式（5-1）的模型进行回归分析，结果见表 5-11 的 Panel B，其与表 5-3 的结论一致，增强了本书结论的稳健性。

表 5-11　稳健性检验——变换样本区间和样本范围

变量	Panel A：变换样本区间		Panel B：变换样本范围	
	（1）	（2）	（3）	（4）
	fraud	freq	fraud	freq
open	−0.434***	−0.333***	−0.350**	−0.376**
	（−2.601）	（−2.968）	（−1.990）	（−2.186）
audit	1.048*	0.267	−1.032	−0.870**
	（1.874）	（0.834）	（−1.509）	（−1.990）
inssh	−0.049	−0.001	−0.530	−0.429
	（−0.147）	（−0.004）	（−1.267）	（−1.468）
analyst	−0.017*	−0.022***	−0.019	−0.013
	（−1.657）	（−3.046）	（−1.377）	（−1.401）
size	0.267*	0.301***	0.428***	0.444***
	（1.876）	（3.256）	（3.111）	（4.938）
ret	−0.163	−0.146*	−0.057	−0.082
	（−1.362）	（−1.745）	（−0.486）	（−1.005）
excuh	−2.537	−0.925	−0.344	0.360
	（−0.997）	（−0.538）	（−0.121）	（0.204）
state	−0.456	−0.473*	0.079	0.227
	（−1.240）	（−1.878）	（0.243）	（1.019）
indr	1.456	0.469	−1.488	−0.728
	（0.882）	（0.478）	（−0.850）	（−0.712）

表5-11(续)

变量	Panel A：变换样本区间		Panel B：变换样本范围	
	（1）	（2）	（3）	（4）
	fraud	freq	fraud	freq
bdsize	0.016	0.337	0.068	0.558
	(0.026)	(0.851)	(0.108)	(1.421)
meeting	0.232	0.073	0.019	−0.124
	(1.243)	(0.604)	(0.093)	(−0.920)
owncon	−1.901*	−1.892**	−3.247***	−2.873***
	(−1.690)	(−2.502)	(−2.966)	(−4.007)
plu	0.218	0.092	0.244	0.101
	(1.226)	(0.851)	(1.285)	(0.837)
syn	0.003	0.013	−0.019	0.004
	(0.041)	(0.298)	(−0.234)	(0.083)
lev	0.384	0.328	0.648	0.212
	(0.782)	(1.069)	(1.263)	(0.656)
age	−0.576	−0.129	−2.382***	−1.450***
	(−0.959)	(−0.287)	(−3.457)	(−2.878)
grow	−0.054*	−0.026	−0.032	−0.005
	(−1.730)	(−1.420)	(−1.004)	(−0.226)
tqmed	0.181	0.103	0.369*	0.174
	(1.123)	(0.935)	(1.894)	(1.378)
turnover	−0.017	0.014	−0.012	0.008
	(−0.310)	(0.397)	(−0.212)	(0.219)
volat	40.573***	20.499**	37.496**	21.154**
	(3.088)	(2.516)	(2.322)	(2.045)
固定效应	公司，年度	公司，年度	年度，行业	年度，行业
L-likelihood	−1 119.056	−1 701.854	−889.030	−1 358.637
Wald chi^2	122.67	135.08	124.51	157.15
observations	3 130	3 180	2 491	2 559

5.5.2.4　使用未缩尾样本

在检验中，本书使用没有进行过缩尾处理的数据，结果见表5-12，其与表5-3的结论一致，可见即便使用未进行过缩尾处理的数据，本书结论仍然成立。

表 5-12 稳健性测验——使用未缩尾样本

变量	(1) Xtlogit fraud	(2) Xtpoisson freq	(3) Logit fraud	(4) Poisson freq
open	−0.438***	−0.371***	−0.270**	−0.202**
	(−2.816)	(−3.506)	(−2.112)	(−2.113)
treat			0.047	−0.069
			(0.565)	(−1.097)
audit	−0.028	−0.109	−0.404**	−0.385***
	(−0.078)	(−0.414)	(−2.526)	(−2.896)
inssh	−0.222	−0.153	−0.400**	−0.502***
	(−0.747)	(−0.709)	(−2.117)	(−3.368)
analyst	−0.025***	−0.027***	−0.019***	−0.023***
	(−2.871)	(−4.179)	(−3.590)	(−5.319)
size	0.304***	0.329***	−0.117***	−0.079***
	(3.004)	(4.965)	(−2.917)	(−2.751)
ret	−0.082	−0.062	−0.131*	−0.145**
	(−0.932)	(−0.970)	(−1.681)	(−2.421)
excuh	−2.013	−0.655	0.229	0.607
	(−1.223)	(−0.616)	(0.305)	(1.207)
state	−0.255	−0.062	−0.318***	−0.281***
	(−0.956)	(−0.346)	(−4.281)	(−5.062)
indr	0.237	0.135	0.914	0.923*
	(0.186)	(0.168)	(1.311)	(1.766)
bdsize	0.025	0.388	0.283	0.181
	(0.053)	(1.234)	(1.336)	(1.131)
meeting	0.077	−0.002	0.288***	0.330***
	(0.497)	(−0.022)	(2.844)	(4.368)
owncon	−2.687***	−2.353***	−1.605***	−1.558***
	(−3.154)	(−3.987)	(−4.803)	(−5.979)
plu	0.248*	0.090	0.181*	0.137**
	(1.675)	(0.954)	(1.894)	(1.968)
syn	−0.061	−0.028	−0.117**	−0.131***
	(−1.057)	(−0.744)	(−2.531)	(−3.971)

表5-12(续)

变量	(1) Xtlogit fraud	(2) Xtpoisson freq	(3) Logit fraud	(4) Poisson freq
lev	0.670* (1.806)	0.373 (1.602)	1.309*** (6.963)	1.083*** (8.369)
age	-1.165** (-2.562)	-0.467 (-1.350)	-0.220** (-2.394)	-0.174** (-2.470)
grow	-0.049* (-1.853)	-0.031* (-1.836)	-0.037* (-1.765)	-0.020 (-1.345)
tqmed	0.123 (0.959)	0.007 (0.084)	0.221** (2.055)	0.183** (2.228)
turnover	-0.019 (-0.475)	0.013 (0.474)	0.026 (0.894)	0.015 (0.729)
volat	35.266*** (3.147)	15.144** (2.163)	24.793*** (2.861)	21.858*** (3.496)
Constant			-2.774** (-2.443)	-2.680*** (-3.219)
固定效应	公司，年度	公司，年度	年度，行业	年度，行业
L-likelihood	-1 602.287	-2 347.874	-3 185.864	-4 407.772
Wald chi^2	197.92	242.35	526.08	896.53
R^2	0.06		0.08	0.09
observations	4 532	4 574	8 012	8 050

5.6 进一步的研究

5.6.1 "沪港通"对不同类型违法违规行为的影响

参照中国证监会对公司违法违规行为的分类，本书将公司违法违规行为分为信息披露违法违规行为、经营违法违规行为、领导人违法违规行为三类。与 QFII 持股一章对应，本章也将进一步探究"沪港通"对不同类型公司违法违规行为的影响，以期更全面深入地分析"沪港通"的公司治理作用，并与 QFII 持股的效果进行对比。同样地，如果公司发生信息披露

违法违规行为则 $F1$ 取值为 1，否则为 0；若公司发生经营违法违规行为则 $F2$ 取值为 1，否则为 0；如果公司发生领导人违法违规行为则 $F3$ 取值为 1，否则为 0。"沪港通"对上市公司不同类型违法违规行为的影响见表 5-13。从表 5-13 可以看到，在三类违法违规行为中，"沪港通"（open）对三类违法违规行为的回归系数均显著为负，仅在显著性水平上略有差异：与信息披露违法违规行为（$F1$）在 1% 的水平上显著负相关，而与其余两类违法违规行为都在 5% 的水平上显著负相关。上述结果说明与 QFII 持股仅对信息披露违法违规行为具有显著抑制作用不同，"沪港通"对所有类型的违法违规行为均具有良好的约束作用，原因可能是：一方面，香港联合交易所虽属于国际发达资本市场，但其毕竟属于中国，与欧美投资者相比，香港投资者和内地投资者在语言、地理、文化等方面的距离较小，因此其信息优势不仅体现在对公司财务报告等公开信息的解读和分析上，对内地上市公司经营、领导人特质等内部情况的了解程度也更深；另一方面，与以往开放措施不同，"沪港通"是我国资本市场迈向双向开放的里程碑，而双向流动的资本必然能让资源得到更合理的配置，从而发挥出更高的效率和更好的治理优化效应。

表 5-13 "沪港通"对不同类型违法违规行为的影响

变量	（1）	（2）	（3）
	Logit	Logit	Logit
	fraud	fraud	fraud
open	−0.465***	−0.420**	−0.802**
	（−2.748）	（−2.341）	（−2.520）
audit	−0.067	−0.722*	0.769
	（−0.150）	（−1.689）	（0.930）
inssh	−0.223	0.077	−0.516
	（−0.669）	（0.232）	（−0.854）
analyst	−0.031***	−0.005	−0.034*
	（−3.187）	（−0.530）	（−1.751）
size	0.319***	0.211*	0.029
	（2.808）	（1.774）	（0.128）
ret	−0.131	−0.199*	0.172
	（−1.347）	（−1.898）	（1.065）
excuh	−2.015	−6.181**	−9.649**
	（−0.858）	（−2.288）	（−2.381）

表5-13(续)

变量	(1)	(2)	(3)
	Logit	Logit	Logit
	fraud	fraud	fraud
state	-0.304	-0.133	-0.341
	(-1.068)	(-0.424)	(-0.547)
indr	-0.212	1.628	1.404
	(-0.152)	(1.132)	(0.497)
bdsize	-0.149	-1.018*	1.840*
	(-0.293)	(-1.922)	(1.816)
meeting	0.096	0.166	0.049
	(0.548)	(0.914)	(0.165)
owncon	-2.085**	-1.114	-4.088**
	(-2.247)	(-1.174)	(-2.334)
plu	-0.087	0.173	-0.033
	(-0.529)	(1.034)	(-0.097)
syn	0.005	-0.058	0.011
	(0.071)	(-0.862)	(0.091)
lev	0.786*	0.762*	0.770
	(1.901)	(1.700)	(0.955)
age	-1.475***	-1.744***	1.443
	(-2.781)	(-3.322)	(1.421)
grow	-0.016	-0.049	-0.001
	(-0.584)	(-1.589)	(-0.024)
tqmed	0.173	0.124	0.241
	(1.165)	(0.788)	(0.860)
turnover	0.000	-0.004	-0.147*
	(0.007)	(-0.085)	(-1.675)
volat	31.607**	40.652***	77.506***
	(2.488)	(3.077)	(3.454)
固定效应	公司, 年度	公司, 年度	公司, 年度
L-likelihood	-1 321.787	-1 211.274	-391.794
Wald chi^2	223.11	201.37	107.20
R^2	0.08	0.08	0.12
observations	3 564	3 324	1 386

5.6.2 交易活跃程度的影响

参照钟凯等（2018）的做法，本书利用"沪股通"十大活跃成交股（active）来探究不同交易活跃程度下，"沪港通"对于公司违法违规行为的影响。具体而言，若"沪港通"开启后，标的股票至少有一天成为"沪股通"十大活跃成交股，则定义该股票的活跃程度较高，否则定义活跃程度较低；然后，利用式（5-1）的模型进行分组检验，来考察"沪港通"对公司违法违规行为的抑制作用是否受到交易活跃程度的影响。

具体结果见表5-14，其中第（1）、（2）两列是交易活跃组，第（3）、（4）两列是交易不活跃组。可以看到，无论交易是否活跃，"沪港通"开启后，标的公司的违法违规概率（fraud）和违法违规次数（freq）均显著下降，仅在显著性水平上略有差异：在交易活跃组中，open 对违法违规倾向和违法违规次数均在 1% 的水平上显著负相关，而在交易不活跃组中，对二者的回归系数均在 5% 的水平上显著为负。进一步检验 open 的系数在两组之间的差异可以发现，两组中"沪港通"的回归系数差异并不显著，说明无论交易程度是否活跃，"沪港通"都能够有效地抑制上市公司的违法违规行为。

表 5-14　交易活跃程度的影响

变量	（1）	（2）	（3）	（4）	（1）和（3）中 open 系数相同	（2）和（4）中 open 系数相同
	交易活跃组		交易不活跃组			
	fraud	freq	fraud	freq		
open	−0.724 ***	−0.758 ***	−0.336 **	−0.248 **	p 值	p 值
	(−2.933)	(−4.526)	(−1.980)	(−2.109)	0.247	0.254
audit	−0.144	−0.341	−0.278	−0.225		
	(−0.248)	(−0.943)	(−0.655)	(−0.748)		
inssh	−0.232	−0.268	−0.146	−0.150		
	(−0.552)	(−0.905)	(−0.448)	(−0.632)		
analyst	−0.016	−0.026 ***	−0.031 ***	−0.031 ***		
	(−1.303)	(−2.831)	(−3.013)	(−3.987)		
size	0.428 ***	0.399 ***	0.361 ***	0.399 ***		
	(2.997)	(4.458)	(3.209)	(5.379)		
ret	0.046	−0.027	−0.064	−0.042		
	(0.390)	(−0.325)	(−0.657)	(−0.598)		

表5-14(续)

变量	(1)	(2)	(3)	(4)	(1)和(3)中open系数相同	(2)和(4)中open系数相同
	交易活跃组		交易不活跃组			
	fraud	freq	fraud	freq		
excuh	−3.688	−0.577	−3.679	−1.961		
	(−1.224)	(−0.283)	(−1.395)	(−1.141)		
state	−0.448	−0.155	−0.322	−0.133		
	(−1.273)	(−0.650)	(−1.145)	(−0.684)		
indr	0.062	−0.124	0.520	0.555		
	(0.036)	(−0.119)	(0.363)	(0.619)		
bdsize	−0.338	0.245	0.190	0.436		
	(−0.559)	(0.622)	(0.355)	(1.234)		
meeting	−0.109	−0.079	0.155	0.056		
	(−0.520)	(−0.584)	(0.893)	(0.476)		
owncon	−3.508**	−3.736***	−2.525***	−2.186***		
	(−2.553)	(−4.037)	(−2.767)	(−3.470)		
plu	0.325	0.218*	0.228	0.036		
	(1.613)	(1.810)	(1.440)	(0.364)		
syn	0.085	0.036	−0.078	−0.030		
	(1.044)	(0.705)	(−1.215)	(−0.720)		
lev	0.999**	0.472	1.005**	0.457*		
	(2.026)	(1.556)	(2.423)	(1.729)		
age	−1.221*	−0.194	−1.607***	−0.881**		
	(−1.815)	(−0.403)	(−3.105)	(−2.183)		
grow	−0.050	−0.028	−0.055**	−0.036**		
	(−1.440)	(−1.335)	(−1.990)	(−2.091)		
tqmed	−0.125	−0.064	0.208	0.060		
	(−0.654)	(−0.500)	(1.385)	(0.584)		
turnover	−0.001	0.029	−0.029	0.025		
	(−0.022)	(0.769)	(−0.628)	(0.771)		
volat	32.107**	14.578	41.862***	17.548**		
	(2.021)	(1.559)	(3.301)	(2.205)		
固定效应	公司,年度	公司,年度	公司,年度	公司,年度		
L-likelihood	−864.131	−1 336.113	−1 337.191	−1 963.751		
Wald chi^2	112.34	156.12	194.13	247.83		
observations	2 456	2 496	3 763	3 796		

5.7 本章小结

本书以近年来我国开启沪港股票市场交易互联互通为研究背景，以2007—2017年沪市A股上市公司为样本，采用多期DID分析方法，检验了"沪港通"机制对公司违法违规行为的治理作用。

研究结果表明：第一，"沪港通"的开放能够降低公司的违法违规倾向，减少违法违规次数，该结论在用PSM方法校正样本选择偏差后仍然稳健。第二，"沪港通"对公司违法违规行为的治理作用通过两条途径实现：一是信息渠道，通过改善公司的信息环境，增加公司的违法违规成本，减少公司违法违规行为；二是公司治理渠道，通过优化公司的治理结构，对公司形成更好的监督，从而增加股东和管理层的违法违规成本，减少公司的违法违规行为。第三，通过变换模型设定、变换样本区间和范围等方法对本书结论进行稳健性检验，结论仍然成立，证明本书的研究结论是可靠的。第四，"沪港通"对三种类型的公司违法违规行为均具有显著的抑制作用，且不受交易活跃程度的影响。

高速健康的经济发展离不开证券市场的有力支持，而中国证券市场的投资者保护制度和监督治理机制与西方发达资本市场尚有差距。因此，逐步开放股票市场，不断引入先进经验、技术和制度，是我国资本市场不断发展和深化金融领域供给侧结构性改革的必然选择。"沪港通"试点机制，作为A股与国际资本市场正式接轨的重要制度创新，对中国未来的金融改革和开放有着深刻的影响。本书以"沪港通"的开通为切入点，为资本市场开放的经济效应提供了公司层面的实证证据；同时以公司违法违规行为为视角，揭示了资本市场开放的公司治理效用。由此可见，继续推进"沪港通""深港通""沪伦通"等金融开放制度，有助于减少上市公司的机会主义倾向、提高公司治理水平、加强投资者保护程度，最终促进我国证券市场的健康发展。从本书的结论可以得到以下两点启示：第一，对于监管部门而言，为了有效地监督上市公司违法违规行为、维护市场秩序、保护投资者权益，股票市场开放作为一项有效的外部治理机制，其作用应该受到充分重视。相关部门在积累了一定的经验后，应继续本着互利共赢的原则，推进和完善金融开放机制，不断探索我国资本市场与国际资本市场的合作模式，最大限度地发挥金融开放的市场功能。第二，对于上市公司而言，随着"沪港通"等金融开放制度的不断推进，其通过违法违规行为获利等机会主义行为的空间将不断被压缩，因此，公司的股东和管理者只有放弃机会主义倾向，切实从提高公司管理水平和盈利能力上追求合法收益才能保证公司和个人财富的长期健康发展。

6 结束语

6.1 研究结论

    股票市场开放作为我国金融领域改革的政策导向和趋势，其实施后果如何，能否实现开放政策的初衷，是学界、业界和政策制定者共同关注的热点话题；同时，我国上市公司的违法违规造假行为呈现愈演愈烈的趋势，造假规模屡次刷新记录，严重打击了投资者信心，损害了资本市场的配置效率。基于此，本书从上市公司违法违规行为的视角，实证检验了我国股票市场开放对内地上市公司的治理优化效应。本书的整理逻辑基于违法违规行为的发生条件——上市公司存在内外部信息不对称这一前提展开，并在犯罪模型和代理问题的理论框架下进行具体的理论分析和实证探究。首先，本书从我国最早的开放政策——交叉上市开始，基于动因理论中的"绑定假说"，对交叉上市对公司违法违规行为的治理效应与作用机制进行了实证检验。其次，本书从我国加入 WTO 后的重要开放措施——引入合格境外机构投资者出发，基于机构投资者的相关理论，对 QFII 持股对上市公司违法违规行为的治理作用与影响机制进行了实证探究。最后，本书从近年来里程碑式的重要制度创新——资本市场互联互通入手，对"沪港通"机制的开启对上市公司违法违规行为的影响及作用机理进行探究。通过对以上问题的实证探究，本书验证了我国的股票市场开放机制对上市公司的违法违规行为具有良好的治理效应。

    具体而言，本书研究发现：

    首先，就交叉上市对公司违法违规行为的影响而言，本书研究发现：与仅在 A 股上市的公司相比，交叉上市公司发生违法违规行为的概率更低，违法违规次数更少，该结论在使用双重差分模型控制内生性后仍然成立；相较于 A+B 股公司而言，交叉上市对公司违法违规行为的抑制作用在 A+H 股公司中更加明显；交叉上市通过法律约束和市场约束来抑制上市公司的违法违规行为，具体而言，在法律环境和信息环境较差的公司中，交叉上市对违法违规行为的抑制作用更加明显。上述结论验证了交叉上市的"绑定假说"，即交叉上市能使企业处于更严格的法律监管和市场监督中，增加内部人牟取私利的成本，从而缓解代理问题，提高公司治理水平。

其次，就 QFII 持股对公司违法违规行为的影响而言，本书研究发现：第一，QFII 持股能够降低被持股公司违法违规行为发生的概率和次数，这种治理作用在内部治理状况较差以及外部信息环境较差的上市公司中更为明显。第二，一方面通过倾向得分匹配（PSM）和变动值双向回归的方法缓解了 QFII 持股与公司违法违规行为之间的内生性问题，另一方面也通过变换样本范围、更换测度指标等方法对本书结论进行了稳健性检验，结论依然成立，证明本书的研究结论是可靠的。第三，QFII 持股减少公司违法违规行为的作用路径是改善公司的信息环境从而抑制其违法违规行为，而非对大股东和经理人产生直接的制衡作用。此外，QFII 持股主要对公司的信息披露违法违规行为具有治理作用，对经营违法违规行为和领导人违法违规行为的影响不明显，但随着监管层对 QFII 持股比例限制的逐步放开，QFII 对公司违法违规行为的治理作用逐渐增强。

最后，就"沪港通"机制对公司违法违规行为的影响而言，本书研究发现：第一，"沪港通"的开放能够降低公司的违法违规倾向，减少违法违规次数，该结论在用 PSM 方法校正样本选择偏差后仍然稳健。第二，"沪港通"对公司违法违规行为的治理作用通过两条途径实现：一是信息渠道，通过改善公司的信息环境，增加公司的违法违规成本，减少公司违法违规行为；二是公司治理渠道，通过优化公司的治理结构，对公司形成更好的监督，从而增加股东和管理层的违法违规成本，减少公司的违法违规行为。第三，通过变换模型设定、变换样本区间和范围等方法对本书结论进行稳健性检验，结论仍然成立，证明本书的研究结论是可靠的。第四，与 QFII 持股仅对信息披露违法违规行为具有显著抑制作用不同，"沪港通"对所有类型的违法违规行为均具有良好的约束作用，且这种作用不受交易活跃程度的影响，说明与以往的单向开放相比，双向流动的互联互通措施的确能让资源得到更合理的配置，从而发挥出更好的治理优化效应。

综上所述，我国的股票市场开放不仅能够引入境外资本，弥补现阶段经济发展的资金缺口，还能够为资本市场微观主体的上市公司带来更深层次的影响，提高其公司治理水平，约束和减少上市公司的违法违规行为。作为一个新兴市场，我国资本市场有着巨大的发展潜力，但与成熟市场相比，我们还存在着基础制度不甚完备、市场层次不够丰富、投资者结构不尽合理、上市公司质量有待提高等问题。在这样的情况下，我们只能沿着改革的道路继续前进，以开放促升级，倒逼我国的上市公司和资本市场向着规范、透明、开放的方向健康发展，让我国乃至全球的投资者对中国资本市场充满信心和信任，市场效率才有可能提高。

6.2 研究启示与政策建议

本书从上市公司违法违规行为的视角，实证检验了我国股票市场开放的三个渐进过程——交叉上市、合格境外机构投资者持股和资本市场互联互通对内地上市公司的治理优化效应。通过本书研究，可以得到如下启示与建议：

不同于以往文献侧重于从公司内部特征角度分析上市公司违法违规行为的影响因素，本书以交叉上市、QFII 持股和"沪港通"为切入点，全面分析了我国股票市场开放这一外部政策环境因素对上市公司违法违规行为的影响，不仅丰富了上市公司违法违规行为外部治理机制的相关研究，也揭示了资本市场的交易机制、股票市场的开放程度对上市公司这一资本市场微观主体的深层影响。我国的股票市场开放不仅为上市公司增加了重要的投资力量，还提升了上市公司的治理水平和质量，更好地保障了外部投资者的利益，促进了资源的有效配置，倒逼我国的资本市场和上市公司不断向着规范、透明的方向健康发展。

因此，从本书结论得到的第一个启示就是，从上市公司治理提升和资本市场健康发展的角度来看，我国的股票市场开放实现了以开放促升级的初衷。当今世界，正面临百年未有之大变局，全球竞争日益激烈，而国家经济实力、科技实力和综合国力的提升都离不开金融和资本的力量。对于正站在复兴之路上的中国而言，资本市场的健康发展至关重要。因此，相关部门在积累了一定的经验后，应继续本着互利共赢的原则，以更大的勇气深化改革、探索我国资本市场与国际资本市场的合作模式、推进和完善金融开放机制，从而最大限度地发挥股票市场开放的市场功能，更好地服务实体经济，助推我国经济实力不断提升。

第二，对于监管部门而言，为了有效地监督上市公司违法违规行为、维护市场秩序、保护投资者权益，股票市场开放作为一项有效的外部治理机制，其作用应该受到充分重视。而本书的结论也为上市公司和监管部门提供了治理和防范公司违法违规行为的线索。

第三，对于上市公司而言，随着全球竞争环境日益激烈和股票市场开放机制的不断推进，资本市场秩序正朝着公开、公平、公正的方向不可逆地发展着，上市公司通过财务造假等违法违规行为获利的空间将不断被压缩。因此，为保证公司和个人财富的长期健康发展，上市公司的股东和管理者应该放弃机会主义倾向，切实地将注意力放在提高公司管理水平和盈利能力上，不断增强上市公司的行业竞争力。

第四，对于投资者而言，随着我国股票市场开放的政策力度逐渐加大，内地上市公司的公司治理水平不断提升，信息披露方式也在不断完善，这对于内地投资者投资于本国资本市场而言，是一个非常大、非常有价值的推动。因此，内地投资者应该对我国的资本市场环境抱有信心，对于那些开放程度较高的公司股票也可给予更多的关注。

6.3　研究不足及展望

首先，在交叉上市与违法违规行为一章中，如果能将 A+H 股交叉上市公司的 H 股部分与其他没有交叉上市的 H 股公司进行对比，发现其违法违规概率的差异，也许能够发现更多有价值的规律，也许可能对当前结论起到佐证作用。例如，假如 A+H 股公司的 H 股部分如果与其他没有交叉上市的 H 股公司的违法违规概率没有显著差异，就可以进一步佐证"绑定假说"的内容，即发达市场的法律和市场约束能够对到发达市场交叉上市的新兴市场上市公司起到良好的治理优化效果，反之则不成立，证明股票市场开放对于新兴市场国家的福利意义。也可以将中国香港特区市场和美国市场的交叉上市公司作为研究对象，和 A+H 股以及纯 H 股公司进行比较，得到更多更丰富的结论。

其次，在 QFII 持股与公司违法违规行为一章中，限于数据搜集整理工作量过大，现阶段还没有将 QFII 的持股周期考虑进来。对于 QFII 自身而言，也存在机构投资者异质性的问题，即并非所有的 QFII 持股效果都是一样的。一些 QFII 可能是真正具备价值投资理念的长期资金，但也不乏一些交易频繁的短线资金，二者对于上市公司的治理作用显然存在差异，在未来的研究中应进一步加以区分，从而更好地探究 QFII 持股对公司治理的影响。

再次，在"沪港通"与公司违法违规行为一章中，仅研究了"港股通"部分（即开通了"沪港通"的上海证券交易所 A 股上市公司），而没有研究"沪股通"部分（即开通了"沪港通"的香港联合交易所 H 股上市公司），未能完全体现股票市场双向开放的效果。此外，由于"深港通"开放时间较晚，在搜集数据时仅有一年数据可用，故本书没有将"深港通"的数据纳入进来。未来，继续探索资本市场互联互通机制对上市公司的治理效果时，应将香港上市公司也纳入样本范围，也许能得到更多有价值的结论。同时，也应借助"深港通"和"沪伦通"等项目的相继开通，对资本市场互联互通这一领域进行更为全面详实的研究。

最后，本书就上市公司违法违规行为，对交叉上市、QFII 持股以及"沪港通"的公司治理效应进行了研究，但股票市场开放对我国资本市场以及上市公司的积极意义应不止于此。因此，未来可以继续关注我国的股票市场开放政策，并从其他角度对股票市场开放的实施效果进行探究。

参考文献

[1] 薄仙慧,吴联生.国有控股与机构投资者的治理效应:盈余管理视角 [J].经济研究,2009(2):81-91.

[2] 蔡志岳,吴世农.董事会特征影响上市公司违规行为的实证研究 [J].南开管理评论,2007,10(6):62-68.

[3] 陈国进,林辉,王磊.公司治理、声誉机制和上市公司违法违规行为分析 [J].南开管理评论,2005,8(6):35-40.

[4] 陈晖丽,刘峰.融资融券的治理效应研究:基于公司盈余管理的视角 [J].会计研究,2014(9):45-52.

[5] 陈雨露,罗煜.金融开放与经济增长:一个述评 [J].管理世界,2007(4):138-147.

[6] 程书强.机构投资者持股与上市公司会计盈余信息关系实证研究 [J].管理世界,2006(9):129-136.

[7] 程子健,张俊瑞,李彬.交叉上市对股利政策稳定性的影响分析:基于捆绑效应的视角 [J].经济与管理研究,2012(11):78-87.

[8] 程子健,张俊瑞.交叉上市,股权性质与企业现金股利政策:基于倾向得分匹配法(PSM)的分析 [J].会计研究,2015(7):34-41.

[9] 邓川,孙金金.QFII持股、产权性质与企业融资约束 [J].管理世界,2014(5):180-181.

[10] 董秀良,张婷,孙佳辉.中国企业跨境交叉上市改善了公司治理水平吗?:基于分析师预测准确度的实证检验 [J].中国软科学,2016(9):99-111.

[11] 段云,李菲.QFII对上市公司持股偏好研究:社会责任视角 [J].南开管理评论,2014(1):44-50.

［12］樊纲，王小鲁，马光荣.中国市场化进程对经济增长的贡献［J］.经济研究，2011（9）：4-16.

［13］樊纲.中国分省份市场化指数报告［M］.北京：社会科学文献出版社，2017.

［14］高雷，张杰.公司治理、机构投资者与盈余管理［J］.会计研究，2008（9）：64-72.

［15］顾乃康，周艳利.卖空的事前威慑、公司治理与企业融资行为：基于融资融券制度的准自然实验检验［J］.管理世界，2017（2）：120-134.

［16］华鸣，孙谦.外国投资者降低了新兴市场股价崩盘风险吗：来自"沪港通"的经验证据［J］.当代财经，2018（1）：57-67.

［17］黄继承，朱冰，向东.法律环境与资本结构动态调整［J］.管理世界，2014（5）：142-156.

［18］黄文青.境外股东异质性、企业性质与公司治理效率：基于中国上市公司的实证检验［J］.财经理论与实践，2017（1）：74-79.

［19］计方，刘星.交叉上市、绑定假说与大股东利益侵占：基于关联交易视角的实证研究［J］.当代经济科学，2011（4）：105-114.

［20］贾巧玉，周嘉南.交叉上市企业应计盈余管理和真实盈余管理研究［J］.管理科学，2016，29（3）：97-111.

［21］姜付秀，马云飙，王运通.退出威胁能抑制控股股东私利行为吗？［J］.管理世界，2015（5）：147-159.

［22］姜国华，岳衡.大股东占用上市公司资金与上市公司股票回报率关系的研究［J］.管理世界，2005（9）：119-126.

［23］金伯富.机会利益：一个新的理论视角［J］.中国社会科学，2000（2）：66-73.

［24］李春涛，薛原，惠丽丽.社保基金持股与企业盈余质量：A股上市公司的证据［J］.金融研究，2018，457（7）：124-142.

［25］李蕾，韩立岩.价值投资还是价值创造？：基于境内外机构投资者比较的经验研究［J］.经济学（季刊），2014，13（1）：351-372.

［26］李巍.资本账户开放、金融发展和经济金融不稳定的国际经验分析［J］.世界经济，2008（3）：34-43.

［27］李巍，张志超.不同类型资本账户开放的效应：实际汇率和经济增长波动［J］.世界经济，2008（10）：33-45.

［28］李争光，赵西卜，曹丰，等.机构投资者异质性与会计稳健性：来自中国上市公司的经验证据［J］.南开管理评论，2015，18（3）：111-121.

［29］林雨晨，林洪，孔祥婷.境内外机构投资者与会计稳健性：谁参与了公司治理？［J］.江西财经大学学报，2015（2）：32-40.

［30］刘海飞，柏巍，李冬昕，等.沪港通交易制度能提升中国股票市场稳定性吗？：基于复杂网络的视角［J］.管理科学学报，2018（1）：97-110.

［31］刘星，田梦可，张超.回归A股缓解了企业融资约束吗？：基于现金—现金流敏感性的分析［J］.管理评论，2016（11）：40-54.

［32］陆瑶，朱玉杰，胡晓元.机构投资者持股与上市公司违规行为的实证研究［J］.南开管理评论，2012，15（1）：13-23.

［33］陆瑶，李茶.CEO对董事会的影响力与上市公司违规犯罪［J］.金融研究，2016（1）：176-191.

［34］陆瑶，胡江燕.CEO与董事间"老乡"关系对公司违规行为的影响研究［J］.南开管理评论，2016，19（2）：52-62.

［35］罗春蓉，彭维瀚，徐冬阳，等.政策效力与市场反应："沪港通"事件效应分析［J］.金融理论与实践，2017（2）：1-9.

［36］孟庆斌，李昕宇，蔡欣园.公司战略影响公司违规行为吗［J］.南开管理评论，2018，21（3）：118-131.

［37］孟庆斌，邹洋，侯德帅.卖空机制能抑制上市公司违规吗［J］.经济研究，2019（6）：89-105.

［38］潘越.中国公司双重上市行为研究［M］.北京：北京大学出版社，2007.

［39］覃家琦，邵新建.交叉上市、政府干预与资本配置效率［J］.经济研究，2015，50（6）：117-130.

［40］饶育蕾，许军林，梅立兴，等.QFII持股对我国股市股价同步性的影响研究［J］.管理工程学报，2013（2）：202-208.

［41］沈凤武，娄伶俐，顾秋霞.金融开放及其测度方法述评［J］.金融理论与实践，2012（7）：100-107.

［42］沈红波.市场分割、跨境上市与预期资金成本：来自Ohlson-Juettner模型的经验证据［J］.金融研究，2007（2A）：146-155.

［43］沈红波，廖理，廖冠民.境外上市、投资者保护与企业溢价［J］.财贸经济，2008（9）：40-45.

[44] 沈红波, 廖冠民, 廖理. 境外上市、投资者监督与盈余质量 [J]. 世界经济, 2009 (3): 72-81.

[45] 师倩, 高雅妮. "沪港通" 机制能够降低企业盈余管理吗?: 基于双重差分模型的研究 [J]. 国际商务财会, 2018 (8): 21.

[46] 师倩, 姚秋歌. "沪港通" 与公司融资约束: 基于双重差分模型的实证研究 [J]. 财务研究, 2018 (2): 62-72.

[47] 孙健, 王百强, 曹丰. 公司战略影响盈余管理吗 [J]. 管理世界, 2016 (3): 160-169.

[48] 谭小芬, 刘汉翔, 曹倩倩. 资本账户开放是否降低了 AH 股的溢价?: 基于 "沪港通" 开通前后 AH 股面板数据的实证研究 [J]. 中国软科学, 2017 (11): 39-53.

[49] 滕飞, 辛宇, 顾小龙. 产品市场竞争与上市公司违规 [J]. 会计研究, 2016 (9): 32-40.

[50] 王化成, 李志杰, 孙健. 境外上市背景下治理机制对公司价值的影响: 基于融资决策传导效应的研究 [J]. 会计研究, 2008 (7): 65-72.

[51] 王亚星, 叶玲, 杨立. 交叉上市、信息环境与经济后果: 来自 A 股、H 股市场的经验证据 [J]. 证券市场导报, 2012 (12): 35-41.

[52] 温忠麟, 张雷, 侯杰泰, 等. 中介效应检验程序及其应用 [J]. 心理学报, 2004 (5): 614-620.

[53] 吴国萍, 马施. 上市公司财务压力与信息披露违规实证研究 [J]. 财经理论与实践, 2010 (2): 59-63.

[54] 肖珉, 沈艺峰. 跨地上市公司具有较低的权益资本成本吗?: 基于 "法与金融" 的视角 [J]. 金融研究, 2008 (10): 93-103.

[55] 辛清泉, 王兵. 交叉上市、国际四大与会计盈余质量 [J]. 经济科学, 2010, 32 (4): 96-110.

[56] 熊家财. 产权性质、股票流动性与股价崩盘风险 [J]. 当代经济科学, 2015, 37 (1): 67-77.

[57] 徐莉萍, 辛宇, 陈工孟. 股权集中度和股权制衡及其对公司经营绩效的影响 [J]. 经济研究, 2006 (1): 90-100.

[58] 徐晓光, 廖文欣, 郑尊信. "沪港通" 背景下行业间波动溢出效应及形成机理 [J]. 数量经济技术经济研究, 2017, 34 (3): 112-127.

[59] 闫红蕾, 赵胜民. "沪港通" 能否促进 A 股与香港股票市场一体

化 [J]. 中国管理科学, 2017, 24 (11): 1-10.

[60] 严佳佳, 郭玮, 黄文彬. "沪港通"公告效应比较研究 [J]. 经济学动态, 2015 (12): 69-77.

[61] 于传荣, 方军雄, 杨棉之. 上市公司高管因股价崩盘风险受到惩罚了吗? [J]. 经济管理, 2017 (12): 138-158.

[62] 张金清, 赵伟, 刘庆富. "资本账户开放"与"金融开放"内在关系的剖析 [J]. 复旦学报 (社会科学版), 2008 (5): 10-17.

[63] 郑春美, 沈沁, 游士兵. 基于事件研究法的亚洲公司交叉上市价值效应研究 [J]. 统计与决策, 2014 (5): 168-171.

[64] 郑建明, 黄晓蓓, 张新民. 管理层业绩预告违规与分析师监管 [J]. 会计研究, 2015 (3): 50-56.

[65] 钟凯, 孙昌玲, 王永妍, 等. 资本市场对外开放与股价异质性波动: 来自"沪港通"的经验证据 [J]. 金融研究, 2018 (7): 174-192.

[66] 钟覃琳, 陆正飞. 资本市场开放能提高股价信息含量吗?: 基于"沪港通"效应的实证检验 [J]. 管理世界, 2018, 34 (1): 169-179.

[67] 周红, 谭凤. QFII 持股对信息披露质量影响的实证研究 [J]. 中国证券期货, 2012 (3): 61-62.

[68] 周开国, 应千伟, 钟畅. 媒体监督能够起到外部治理的作用吗?: 来自中国上市公司违规的证据 [J]. 金融研究, 2016 (6): 193-206.

[69] 周开国, 周铭山. 交叉上市能降低信息不对称吗?: 基于 AH 股的实证分析 [J]. 证券市场导报, 2014 (12): 51-59.

[70] 周泽将, 刘中燕. 独立董事本地任职对上市公司违规行为之影响研究: 基于政治关联与产权性质视角的经验证据 [J]. 中国软科学, 2017 (7): 116-125.

[71] 朱红军, 何贤杰, 陶林. 中国的证券分析师能够提高资本市场的效率吗: 基于股价同步性和股价信息含量的经验证据 [J]. 金融研究, 2007 (2): 110-121.

[72] ADMATI A R, PFLEIDERER P. Forcing Firms to Talk: Financial Disclosure Regulation and Externalities [J]. The Review of Financial Studies, 2000, 13 (3): 479-519.

[73] ADMATI A R, PFLEIDERER P. The "Wall Street Walk" and Shareholder Activism: Exit as a Form of Voice [J]. The Review of Financial Studies,

2009, 22 (7): 2645-2685.

[74] AGGARWAL R, KLAPPER L, WYSOCKI P D. Portfolio Preferences of Foreign Institutional Investors [J]. Journal of Banking & Finance, 2005, 29 (12): 2919-2946.

[75] AGGARWAL R, DAHIYA S, KLAPPER L. ADR Holdings of US-based Emerging Market Funds [J]. Journal of Banking & Finance, 2007, 31 (6): 1649-1667.

[76] AGGARWAL R, EREL I, FERREIRA M, et al. Does Governance Travel Around the World? Evidence from Institutional Investors [J]. Journal of Financial Economics, 2011, 100 (1): 154-181.

[77] AMANI F A, FADLALLA A M. Data Mining Applications in Accounting: A Review of the Literature and Organizing Framework [J]. International Journal of Accounting Information Systems, 2017 (24): 32-58.

[78] AMIHUD Y, MENDELSON H. Asset Pricing and the Bid-ask Spread [J]. Journal of Financial Economics, 1986, 17 (2): 223-249.

[79] ARPING S, SAUTNER Z. Did SOX Section 404 Make Firms Less Opaque? Evidence from Cross - Listed Firms [J]. Contemporary Accounting Research, 2013, 30 (3): 1133-1165.

[80] AYERS B C, RAMALINGEGOWDA S, YEUNG P E. Hometown Advantage: The Effects of Monitoring Institution Location on Financial Reporting Discretion [J]. Journal of Accounting and Economics, 2011, 52 (1): 0-61.

[81] BAE K H, CHAN K, NG A. Investibility and Return Volatility [J]. Journal of Financial Economics, 2004, 71 (2): 239-263.

[82] BAE K H, BAILEY W, MAO C X. Stock Market Liberalization and the Information Environment [J]. Journal of International Money and Finance, 2006, 25 (3): 404-428.

[83] BAE K H, OZOGUZ A, TAN H, et al. Do Foreigners Facilitate Information Transmission in Emerging Markets? [J]. Journal of Financial Economics, 2012, 105 (1): 209-227.

[84] BAKER H K, NOFSINGER J R, WEAVER D G. International Cross-listing and Visibility [J]. Journal of Financial and Quantitative Analysis, 2002, 37 (3): 495-521.

[85] BAR-GILL O, BEBCHUK L A. Misreporting Corporate Performance [J]. Harvard Law and Economics Discussion Paper, 2002 (400).

[86] BEASLEY M S. An Empirical Analysis of the Relation Between Board of Director Composition and Financial Statement Fraud [J]. Accounting Review, 1996, 71 (4): 443-465.

[87] BECK T, LEVINE R, LEVKOV A. Big Bad Banks? The Winners and Losers from Bank Deregulation in the United States [J]. The Journal of Finance, 2010, 65 (5): 1637-1667.

[88] BECKER G S. Crime and Punishment: An Economic Approach [M] // The Economic Dimensions of Crime. London: Palgrave Macmillan, 1968: 13-68.

[89] BEKAERT G, HARVEY C R. Time - varying World Market Integration [J]. The Journal of Finance, 1995, 50 (2): 403-444.

[90] BEKAERT G, HARVEY C R. Foreign Speculators and Emerging Equity Markets [J]. The Journal of Finance, 2000, 55 (2): 565-613.

[91] BEKAERT G, HARVEY C R, LUNDBLAD C. Does Financial Liberalization Spur Growth? [J]. Journal of Financial Economics, 2005, 77 (1): 3-55.

[92] BEKAERT G, HARVEY C R, LUNDBLAD C, et al. Global Growth Opportunities and Market Integration [J]. The Journal of Finance, 2007, 62 (3): 1081-1137.

[93] BEKAERT G, HARVEY C R, LUNDBLAD C. Financial Openness and Productivity [J]. World Development, 2011, 39 (1): 1-19.

[94] BENEISH M D. The Detection of Earnings Manipulation [J]. Financial Analysts Journal, 1999a, 55 (5): 24-36.

[95] BENEISH M D. Incentives and Penalties Related to Earnings Overstatements that Violate GAAP [J]. The Accounting Review, 1999b, 74 (4): 425-457.

[96] BENTLEY K A, OMER T C, SHARP N Y. Business Strategy, Financial Reporting Irregularities, and Audit Effort [J]. Contemporary Accounting Research, 2013, 30 (2): 780-817.

[97] BLACK B S. Shareholder Activism and Corporate Governance in the

United States [J]. New Palgrave Dictionary of Economics and the Law, 1998 (3): 459-465.

[98] LEE F S. Ownership and control: rethinking corporate governance for the twenty-first century [J]. Chanllenge, 1996, 39 (1): 62-64.

[99] BOONE A L, WHITE J T. The Effect of Institutional Ownership on Firm Transparency and Information Production [J]. Journal of Financial Economics, 2015, 117 (3): 508-533.

[100] BRADSHAW M T, BUSHEE B J, MILLER G S. Accounting Choice, Home Bias, and US Investment in Non-US Firms [J]. Journal of Accounting Research, 2004, 42 (5): 795-841.

[101] BRÜGGEMANN U, DASKE H, HOMBURG C, et al. How do individual investors react to global IFRS adoption? [C/OL]. http://ssrn.com/abstract=1458944.

[102] BURNS N, KEDIA S. The Impact of Performance-based Compensation on Misreporting [J]. Journal of Financial Economics, 2006, 79 (1): 35-67.

[103] BURNS N, KEDIA S, LIPSON M. Institutional Ownership and Monitoring: Evidence from Financial Misreporting [J]. Journal of Corporate Finance, 2010, 16 (4): 443-455.

[104] BUSHEE B J. The Influence of Institutional Investors on Myopic R&D Investment Behavior [J]. Accounting Review, 1998 (3): 305-333.

[105] BUSHMAN R M, PIOTROSKI J D, SMITH A J. What Determines Corporate Transparency? [J]. Journal of Accounting Research, 2004, 42 (2): 207-252.

[106] CASE K E, QUIGLEY J M, SHILLER R J. Comparing Wealth Effects: The Stock Market Versus the Housing Market [J]. Advances in Macroeconomics, 2005, 5 (1): 1235-1235.

[107] CHAN J S P, HONG D, SUBRAHMANYAM M G. A Tale of Two Prices: Liquidity and Asset Prices in Multiple Markets [J]. Journal of Banking & Finance, 2008, 32 (6): 947-960.

[108] CHARITOU A, LOUCA C, PANAYIDES S. Cross-listing, Bonding Hypothesis and Corporate Governance [J]. Journal of Business Finance & Accounting, 2007, 34 (7-8): 1281-1306.

［109］ CHARITOU A, LOUCA C. Cross－Listing and Operating Performance: Evidence from Exchange－Listed American Depositary Receipts ［J］. Journal of Business Finance & Accounting, 2009, 36 （1-2）: 99-129.

［110］ CHEN G, FIRTH M, GAO D N, et al. Ownership Structure, Corporate Governance, and Fraud: Evidence from China ［J］. Journal of Corporate Finance, 2006, 12 （3）: 0-448.

［111］ CHEN X, HARFORD J, LI K. Monitoring: Which Institutions Matter? ［J］. Journal of Financial Economics, 2007, 86 （2）: 279-305.

［112］ CHEN J, CUMMING D, HOU W, et al. Does the External Monitoring Effect of Financial Analysts Deter Corporate Fraud in China? ［J］. Journal of Business Ethics, 2016, 134 （4）: 727-742.

［113］ CHEN C L, CHANG C C, WENG P Y. Qualified Foreign Institutional Investors and the Earnings Informativeness of Income Smoothing ［J］. Ntu Management Review, 2017, 27 （4）: 1-41.

［114］ CHEN C L, WENG P Y, CHIEN C Y. Qualified Foreign Institutional Investor Ownership Deregulation and the Restatement of Financial Reports: Empirical Findings from Taiwan ［J］. International Review of Economics & Finance, 2018 （56）: 465-485.

［115］ CHIDAMBARAN N K, JOHN K. Managerial Compensation, Voluntary Disclosure, and Large Shareholder Monitoring ［R］. Working paper, New York University, 2005.

［116］ CHOI J H, KIM J B, LIU X, et al. Cross-listing Audit Fee Premiums: Theory and Evidence ［J］. The Accounting Review, 2009, 84 （5）: 1429-1463.

［117］ CHHAOCHHARIA V, KUMAR A, NIESSEN－RUENZI A. Local investors and corporate governance ［J］. Journal of Accounting and Economics, 2012, 54 （1）: 42-67.

［118］ COFFEE JR J C. Racing Towards the Top: The Impact of Cross－listing and Stock Market Competition on International Corporate Governance ［J］. Columbia Law Review, 2002 （102）: 1757.

［119］ COFFEE J C. The Future as History: Prospects for Global Convergence in Corporate Governance and its Implications ［J］. Social Science

Electronic Publishing, 1999, 93 (3): 641-707.

[120] CORREIA M M. Political Connections, SEC Enforcement and Accounting Quality [R]. Working paper, London Business School, 2009.

[121] COVRIG V M, DEFOND M L, HUNG M. Home Bias, Foreign Mutual Fund Holdings, and the Voluntary Adoption of International Accounting Standards [J]. Journal of Accounting Research, 2007, 45 (1): 41-70.

[122] CRESSEY D R. Other People's Money: a Study of the Social Psychology of Embezzlement [M]. New York: The Free Press, 2009.

[123] DAHLQUIST M, ROBERTSSON G. Direct Foreign Ownership, Institutional Investors, and Firm Characteristics [J]. Journal of Financial Economics, 2001, 59 (3): 413-440.

[124] DBOUK B, ZAAROUR I. Towards a Machine Learning Approach for Earnings Manipulation Detection [J]. Asian Journal of Business and Accounting, 2017, 10 (2): 215-251.

[125] DECHOW P M, SLOAN R G, SWEENEY A P. Detecting Earnings Management [J]. Accounting Review, 1995, 70 (2): 193-225.

[126] DECHOW P M, SLOAN R G, SWEENEY A P. Causes and Consequences of Earnings Manipulation: An Analysis of Firms Subject to Enforcement Actions by the SEC [J]. Contemporary Accounting Research, 1996, 13 (1): 1-36.

[127] DECHOW P M, GE W, LARSON C R, et al. Predicting Material Accounting Misstatements [J]. Contemporary Accounting Research, 2011, 28 (1): 17-82.

[128] DELI D N, GILLAN S L. On the Demand for Independent and Active Audit Committees [J]. Journal of Corporate Finance, 2000, 6 (4): 427-445.

[129] DOIDGE C, KAROLYI G A, STULZ R M. Why are Foreign Firms Listed in the US Worth More? [J]. Journal of Financial Economics, 2004, 71 (2): 205-238.

[130] DOIDGE C, KAROLYI G A, LINS K V, et al. Private Benefits of Control, Ownership, and the Cross-listing Decision [J]. The Journal of Finance, 2009, 64 (1): 425-466.

[131] DONELSON D C, EGE M S, MCINNIS J M. Internal Control Weak-

nesses and Financial Reporting Fraud [J]. Auditing: A Journal of Practice & Theory, 2016, 36 (3): 45-69.

[132] DYCK A, VOLCHKOVA N, ZINGALES L. The Corporate Governance Role of the Media: Evidence from Russia [J]. The Journal of Finance, 2008, 63 (3): 1093-1135.

[133] EDISON H J, LEVINE R, RICCI L, et al. International Financial Integration and Economic Growth [J]. Journal of International Money and Finance, 2002, 21 (6): 749-776.

[134] EDISON H J, KLEIN M W, RICCI L A, et al. Capital Account Liberalization and Economic Performance: Survey and Synthesis [J]. IMF Staff Papers, 2004, 51 (2): 220-256.

[135] EICHENGREEN B, GULLAPALLI R, PANIZZA U. Capital Account Liberalization, Financial Development and Industry Growth: A Synthetic View [J]. Journal of International Money and Finance, 2011, 30 (6): 1090-1106.

[136] FANTO J A, KARMEL R S. A Report on the Attitudes of Foreign Companies Regarding a US Listing [J]. Stanford journal of law, business and finance, 1997 (3): 51-83.

[137] FERNANDES N, LEL U, MILLER D P. Escape from New York: The Market Impact of Loosening Disclosure Requirements [J]. Journal of Financial Economics, 2010, 95 (2): 129-147.

[138] FERREIRA M A, MATOS P. The Colors of Investors' Money: The Role of Institutional Investors around the World [J]. Journal of Financial Economics, 2008, 88 (3): 499-533.

[139] FERRIS S P, KIM K A, NORONHA G. The Effect of Crosslisting on Corporate Governance: A Review of the International Evidence [J]. Corporate Governance: An International Review, 2009, 17 (3): 338-352.

[140] FICH E M, SHIVDASANI A. Financial Fraud, Director Reputation, and Shareholder Wealth [J]. Journal of Financial Economics, 2007, 86 (2): 306-336.

[141] FORESTER S R, KAROLYI G A. The Effects of Market Segmentation and Investor Recognition on Asset Prices: Evidence from Foreign Stocks Listing in the United States [J]. The Journal of Finance, 1999, 54 (3): 981-1013.

[142] FOUCAULT T, GEHRIG T. Stock Price Informativeness, Cross-listings, and Investment Decisions [J]. Journal of Financial Economics, 2008, 88 (1): 146-168.

[143] FRÉSARD L, SALVA C. The Value of Excess Cash and Corporate Governance: Evidence from US Cross-listings [J]. Journal of Financial Economics, 2010, 98 (2): 359-384.

[144] FUERST O. A Theoretical Analysis of the Investor Protection Regulations Argument for Global Listing of Stocks [R]. Working paper, Yale School of Management, 1998.

[145] FUNKE M N. Stock Market Developments and Private Consumer Spending in Emerging Markets [M]. International Monetary Fund working paper, No. 02/238, 2002.

[146] GHOSH C, HARDING J, PHANI B V. Does Liberalization Reduce Agency Costs? Evidence from the Indian Banking Sector [J]. Journal of Banking & Finance, 2008, 32 (3): 405-419.

[147] GIANNETTI M, SIMONOV A. Which Investors Fear Expropriation? Evidence from Investors' Portfolio Choices [J]. The Journal of Finance, 2006, 61 (3): 1507-1547.

[148] GILLAN S L, STARKS L T. Corporate Governance Proposals and Shareholder Activism: The Role of Institutional Investors [J]. Journal of Financial Economics, 2000, 57 (2): 275-305.

[149] GILLAN S L, STARKS L T. Corporate Governance, Corporate Ownership, and the Role of Institutional Investors: A Global Perspective [J]. Journal of Applied Finance, 2003, 13 (2): 4-22.

[150] GILLAN S L, STARKS L T. The Evolution of Shareholder Activism in the United States [J]. Journal of Applied Corporate Finance, 2007, 19 (1): 55-73.

[151] GOLDMAN E, SLEZAK S L. An Equilibrium Model of Incentive Contracts in the Presence of Information Manipulation [J]. Journal of Financial Economics, 2006, 80 (3): 603-626.

[152] GRIFFITH E E. When Do Auditors Use Specialists' Work to Improve Problem Representations of and Judgments about Complex Estimates? [J]. The

Accounting Review, 2017, 93 (4): 177-202.

[153] GRINBLATT M, KELOHARJU M. The Investment Behavior and Performance of Various Investor Types: a Study of Finland's Unique Data Set [J]. Journal of Financial Economics, 2000, 55 (1): 43-67.

[154] GROSSMAN S J, HART O D. Takeover Bids, the Free-rider Problem, and the Theory of the Corporation [J]. The Bell Journal of Economics, 1980: 42-64.

[155] GUL F A. Auditors' Response to Political Connections and Cronyism in Malaysia [J]. Journal of Accounting Research, 2006, 44 (5): 931-963.

[156] GUO F, KUBICK T R, MASLI A. The Effects of Restatements for Misreporting on Auditor Scrutiny of Peer Firms [J]. Accounting Horizons, 2017, 32 (1): 65-85.

[157] HAN KIM E, SINGAL V. Stock Market Openings: Experience of Emerging Economies [J]. The Journal of Business, 2000, 73 (1): 25-66.

[158] HARTZELL J C, STARKS L T. Institutional Investors and Executive Compensation [J]. The Journal of Finance, 2003, 58 (6): 2351-2374.

[159] HELWEGE J, INTINTOLI V J, ZHANG A. Voting With Their Feet or Activism? Institutional Investors' Impact on CEO Turnover [J]. Journal of Corporate Finance, 2012, 18 (1): 22-37.

[160] HENRY P B. Stock Market Liberalization, Economic Reform, and Emerging Market Equity Prices [J]. The Journal of Finance, 2000a, 55 (2): 529-564.

[161] HENRY P B. Do Stock Market Liberalizations Cause Investment Booms? [J]. Journal of Financial Economics, 2000b, 58 (1-2): 301-334.

[162] HENRY P B. Capital Account Liberalization: Theory, Evidence, and Speculation [J]. Journal of Economic Literature, 2007, 45 (4): 887-935.

[163] IWATA S, WU S. Stock Market Liberalization and International Risk Sharing [J]. Journal of International Financial Markets, Institutions and Money, 2009, 19 (3): 461-476.

[164] JENSEN M C. The Modern Industrial Revolution, Exit, and the Failure of Internal Control Systems [J]. the Journal of Finance, 1993, 48 (3): 831-880.

［165］JENSEN M C, MECKLING W H. Theory of the Firm: Managerial Behavior, Agency Costs and Ownership Structure ［J］. Journal of Financial Economics, 1976, 3（4）: 305-360.

［166］JEPPSON N, SALERNO D. Innovation Focused Strategy and Earnings Management ［J］. Economic and Business Review, 2017, 19（1）: 19-49.

［167］JIN L, MYERS S C. R^2 around the World: New Theory and New Tests ［J］. Journal of Financial Economics, 2006, 79（2）: 257-292.

［168］JOHNSON S, LA PORTA R, LOPEZ-DE-SILANES F, et al. Tunneling ［J］. American Economic Review, 2000, 90（2）: 22-27.

［169］KAMINSKY G L, REINHART C M. The Twin Crises: the Causes of Banking and Balance-of-payments Problems ［J］. American Economic Review, 1999, 89（3）: 473-500.

［170］KAMINSKY G, SCHMUKLER S. Short-run pain, Long-run Gain: finarcial likeralization and stock morket oycles ［J］. Review of finance, 2008（2）: 253-292.

［171］KARPOFF J M. The Impact of Shareholder Activism on Target Companies: A Survey of Empirical Findings ［R］. Working paper, University of Washington, 2001.

［172］KHANNA T, PALEPU K. Emerging Market Business Groups, Foreign Intermediaries, and Corporate Governance ［M］// Concentrated Corporate Ownership. Chicago: University of Chicago Press, 2000: 265-294.

［173］KHANNA V, KIM E H, LU Y. CEO Connectedness and Corporate Fraud ［J］. The Journal of Finance, 2015, 70（3）: 1203-1252.

［174］KIM I J, EPPLER-KIM J, KIM W S, et al. Foreign Investors and Corporate Governance in Korea ［J］. Pacific-Basin Finance Journal, 2010, 18（4）: 390-402.

［175］KIM I, MILLER S, WAN H, et al. Drivers Behind the Monitoring Effectiveness of Global Institutional Investors: Evidence from Earnings Management ［J］. Journal of Corporate Finance, 2016（40）: 24-46.

［176］KIM J B, YI C H. Foreign versus domestic institutional investors in emerging markets: who contributes more to firm-specific information flow? ［J］. China Journal of Accounting Research, 2015, 8（1）: 1-23.

[177] KIM J B, CHEONG H Y. Foreign versus Domestic Institutional Investors in Emerging Markets: Who Contributes More to Firm-specific Information Flow? [J]. China Journal of Accounting Research, 2015, 8 (1): 1-23.

[178] KLEIN M W, OLIVEI G P. Capital Account Liberalization, Financial Depth, and Economic Growth [J]. Journal of International Money and Finance, 2008, 27 (6): 861-875.

[179] KORCZAK P, BOHL M T. Empirical Evidence on Cross-listed Stocks of Central and Eastern European Companies [J]. Emerging Markets Review, 2005, 6 (2): 121-137.

[180] KOSE M A, PRASAD E S, TAYLOR A D. Thresholds in the Process of International Financial Integration [J]. Journal of international money and finance, 2011, 30 (1): 147-179.

[181] LANG M H, LUNDHOLM R J. Corporate Disclosure Policy and Analyst Behavior [J]. Accounting Review, 1996 (4): 467-492.

[182] LANG M H, LINS K V, MILLER D P. ADRs, Analysts, and Accuracy: Does Cross Listing in the United States Improve a Firm's Information Environment and Increase Market Value? [J]. Journal of Accounting Research, 2003, 41 (2): 317-345.

[183] LANG M H, LINS K V, MILLER D P. Concentrated Control, Analyst Following, and Valuation: Do Analysts Matter Most When Investors are Protected Least? [J]. Journal of Accounting Research, 2004, 42 (3): 589-623.

[184] LA PORTA R L, LOPEZ-DE-SILANES F, SHLEIFER A, et al. Law and Finance [J]. Journal of Political Economy, 1998, 106 (6): 1113-1155.

[185] LEL U, MILLER D P. International Cross-listing, Firm Performance, and Top Management Turnover: a Test of the Bonding Hypothesis [J]. The Journal of Finance, 2008, 63 (4): 1897-1937.

[186] LEUZ C, NANDA D, WYSOCKI P D. Earnings Management and Investor Protection: an International Comparison [J]. Journal of Financial Economics, 2003, 69 (3): 505-527.

[187] LEUZ C, LINS K V, WARNOCK F E. Do Foreigners Invest Less in Poorly Governed Firms? [J]. The Review of Financial Studies, 2008, 22 (8): 3245-3285.

[188] LIU C, WANG S, WEI K. Demand Shock, Speculative Beta, and Asset Prices: Evidence from the Shanghai–Hong Kong Stock Connect Program [J]. Social Science Electronic Publishing, 2016.

[189] LIU Q, LU J Z. Earnings Management to Tunnel: Evidence from China's Listed Companies [R]. Working paper, University of Hong Kong, 2003.

[190] LOKANAN M E. Challenges to the Fraud triangle: Questions on its Usefulness [J]. Accounting Forum, Taylor & Francis, 2015, 39 (3): 201-224.

[191] LU Y C, WONG J Y, FANG H. Herding Momentum Effect and Feedback Trading of Qualified Foreign Institutional Investors in the Taiwan Stock Market [J]. The International Journal of Business and Finance Research, 2009, 3 (2): 147-167.

[192] MCCAHERY J A, SAUTNER Z, STARKS L T. Behind the Scenes: The Corporate Governance Preferences of Institutional Investors [J]. The Journal of Finance, 2016, 71 (6): 2905-2932.

[193] MERTON R C. A Simple Model of Capital Market Equilibrium with Incomplete Information [J]. The Journal of Finance, 1987, 42 (3): 483-510.

[194] MILLER E M. Risk, Uncertainty, and Divergence of Opinion [J]. The Journal of Finance, 1977, 32 (4): 1151-1168.

[195] MILLER M H, ROCK K. Dividend Policy under Asymmetric Information [J]. The Journal of Finance, 1985, 40 (4): 1031-1051.

[196] MILLER D P. The Market Reaction to International Cross–listings: Evidence from Depositary Receipts [J]. Journal of Financial Economics, 1999, 51 (1): 103-123.

[197] MITTON T. Stock Market Liberalization and Operating Performance at the Firm Level [J]. Journal of Financial Economics, 2006, 81 (3): 625-647.

[198] MORCK R, YEUNG B, YU W. The Information Content of Stock Markets: Why do Emerging Markets Have Synchronous Stock Price Movements? [J]. Journal of Financial Economics, 2000, 58 (1): 215-260.

[199] O'CONNOR T G. Cross–listing in the US and Domestic Investor Protection [J]. The Quarterly Review of Economics and Finance, 2006, 46 (3): 413-436.

[200] PARRINO R, SIAS R, STARKS L. Voting with Their Feet: Institutional Investors and CEO Turnover [J]. Journal of Financial Economics, 2003 (68): 3-46.

[201] PENG L, RÖELL A. Executive Pay and Shareholder Litigation [J]. Review of Finance, 2007, 12 (1): 141-184.

[202] POUND J. Proxy Contests and the Efficiency of Shareholder Oversight [J]. Journal of Financial Economics, 1988 (20): 237-265.

[203] PURDA L, SKILLICORN D. Accounting Variables, Deception, and a Bag of Words: Assessing the Tools of Fraud Detection [J]. Contemporary Accounting Research, 2015, 32 (3): 1193-1223.

[204] QIAN M. Is "Voting with Your Feet" an Effective Mutual Fund Governance Mechanism? [J]. Journal of Corporate Finance, 2011, 17 (1): 45-61.

[205] REESE JR W A, WEISBACH M S. Protection of Minority Shareholder Interests, Cross-listings in the United States, and Subsequent Equity Offerings [J]. Journal of Financial Economics, 2002, 66 (1): 65-104.

[206] RIBSTEIN L E. Market vs. Regulatory Responses to Corporate Fraud: A Critique of the Sarbanes - Oxley Act of 2002 [J]. Journal of Corporation Law, 2002 (1): 1-67.

[207] RYAN L V, SCHNEIDER M. The Antecedents of Institutional Investor Activism [J]. Academy of Management Review, 2002, 27 (4): 554-573.

[208] SHLEIFER A, VISHNY R W. Large Shareholders and Corporate Control [J]. Journal of Political Economy, 1986, 94 (3): 461-488.

[209] SIEGEL J. Can Foreign Firms Bond Themselves Effectively by Renting US Securities Laws? [J]. Journal of Financial Economics, 2005, 75 (2): 319-359.

[210] SIMON C A. Individual Auditors' Identification of Relevant Fraud Schemes [J]. Auditing: A Journal of Practice & Theory, 2012, 31 (1): 1-16.

[211] STAPLETON R C, SUBRAHMANYAM M G. Market Imperfections, Capital Market Equilibrium and Corporation Finance [J]. The Journal of Finance, 1977, 32 (2): 307-319.

[212] STIGLITZ J E. Reforming the Global Economic Architecture:

Lessons from Recent Crises [J]. The Journal of Finance, 1999, 54 (4): 1508-1521.

[213] STIGLITZ J E. Capital Market Liberalization, Economic Growth, and Instability [J]. World Development, 2000, 28 (6): 1075-1086.

[214] STULZ R M. Globalization of Capital Markets and the Cost of Capital: The Case of Nestlé [J]. Journal of Applied Corporate Finance, 1995, 8 (3): 30-38.

[215] STULZ R M. Globalization of Equity Markets and the Cost of Capital [R]. National Bureau of Economic Research, 1999.

[216] STULZ R M. The Limits of Financial Globalization [J]. The Journal of Finance, 2005, 60 (4): 1595-1638.

[217] TAM O K, LI S G, ZHANG Z, et al. Foreign Investment in China and Qualified Foreign Institutional Investor (QFII) [J]. Asian Business & Management, 2010, 9 (3): 425-448.

[218] VAN AKKEREN J, BUCKBY S. Perceptions on the Causes of Individual and Fraudulent Co – offending: Views of Forensic Accountants [J]. Journal of Business Ethics, 2017, 146 (2): 383-404.

[219] WILSON A B, MCNELLIS C, LATHAM C K. Audit Firm Tenure, Auditor Familiarity, and Trust: Effect on Auditee Whistleblowing Reporting Intentions [J]. International Journal of Auditing, 2018, 22 (2): 113-130.

[220] YANG S, REN X. Qualified Foreign Institutional Investor Shareholdings and Corporate Operating Performance [J]. Canadian Public Policy, 2017, 43 (S2): S99-S106.

[221] ZAHRA S A, PRIEM R L, RASHEED A A. Understanding the Causes and Effects of Top Management Fraud [J]. Organizational Dynamics, 2007, 36 (2): 122-139.

[222] ZONA F, MINOJA M, CODA V. Antecedents of Corporate Scandals: CEOs' Personal Traits, Stakeholders' Cohesion, Managerial Fraud, and Imbalanced Corporate Strategy [J]. Journal of Business Ethics, 2013, 113 (2): 265-283.

后记

岁月不居，时光如流，一晃之间，博士生毕业已5年。本书是笔者与北京航空航天大学刘贤伟副教授近年来关于"中国资本市场开放的公司治理效应"研究的重要阶段性成果，衷心感谢西南财经大学出版社将其正式出版。在京求学与工作的15年，心中常常充满幸福与感恩。衷心感谢笔者的老师、同学、好友、同事与家人，衷心感谢这段奋斗的岁月！

本书在研究选题、制订研究方案、构建分析框架和理论模型、数据采集与分析、撰写成稿直至出版的过程中，得到了中国人民大学张瑞君教授、孟庆斌教授的辛勤指导与无私帮助，教诲如春风，师恩似海深。在此，谨向两位老师表达诚挚的感谢！衷心感谢中国人民大学商学院王化成教授、姜付秀教授、许年行教授、支晓强教授、李焰教授、伊志宏教授、童庆教授对本书写作的大量指导和建议。本书的写作也得到了首都经济贸易大学张学平教授、范合君教授、王凯教授、侯德帅副教授、梁晗副教授；对外经济贸易大学王雪教授、蔡文婧副教授、蔡欣妮副教授；山东大学李昕宇副教授；北京理工大学张永冀副教授；中国海洋大学张晓亮副教授；北京工业大学张卓然博士；燕山大学任莉莉博士；上海证券交易所刘畅博士；财政部杨俊华博士、张强博士以及同窗好友黄清华博士、师倩博士的大力支持与帮助。

谨以本书献给笔者亲爱的家人。感谢舅舅、小姨、姑妈、伯伯的疼爱与照顾，感谢远在上海却时刻关心着笔者的伯伯、伯妈；感谢二舅、二舅妈给了笔者一生受用的教诲和无私的帮助……更要感谢亲爱的爸爸、妈妈，父母无条件的爱，使笔者充满了面对广阔世界和漫漫人生的勇气和底气。感谢亲爱的女儿，你的到来，让笔者又一次体会到了生命和爱。

岁月如歌，从迷茫到坚定，15 年青春曲散，心中纵有遗憾，却并无彷徨。雄关漫道真如铁，而今迈步从头越！本书的完成是终点亦是起点，无论未来怎样风云变幻，笔者都将一如既往地披荆斩棘，勇往直前！

邹洋

2024 年 4 月